Yoga Nidra-Meditationen

Tamara Skyhawk

Autorin: Tamara Skyhawk
Übersetzerin: MIIILA
Copyright: © 2022 by Tamara Skyhawk
Herausgeber: RTV Yoga Inc.

ISBN: *978-1-990622-08-3* (Taschenbuch)
978-1-990622-09-0 (E-Book)
978-1-990622-10-6 (gebundene Ausgabe)

Erste Auflage Englisch: 2020
Erste Auflage deutsche Übersetzung: 2022

Viel Lob für die englische Version des Buches,
*Yoga Nidra Scripts: 22 Meditations for Effortless
Relaxation, Rejuvenation and Reconnection*
Tamara Skyhawk (Verma)

„So gut und so zeitgemäß... ein Wegweiser zur Wiederverbindung mit sich selbst und zur Erleuchtung ... ein Muss für Yogalehrende und Heilkundige, nach dem ich immer wieder greife."

– Ashley Petrovsky, Ash Sky Yoga

„Alle waren begeistert, wenn ich diese Meditationen verwendet habe! ... Ich empfehle *Yoga Nidra Scripts* allen, die Yoga oder Achtsamkeit unterrichten oder ihre eigene Verbindung zur Yoga Nidra-Praxis vertiefen möchten. Tamara Skyhawk hat ein wertvolles Hilfsmittel mit einfach zu befolgenden geführten Meditationen zusammengestellt, die du in deinen Unterricht einbauen kannst. Bei der großen Auswahl an Meditationen findest du sicher genau die richtige für dein Thema und deinen Zeitrahmen. Ich unterrichte seit vielen Jahren Yoga und bin mir sicher, dass diese Meditationen noch viele weitere Jahre nützlich sein werden."

– Aruna Kathy Humphrys, Lead-Trainerin bei
Young Yoga Masters and Ambassador Yoga

„*Yoga Nidra Scripts* ist ein wertvolles Lehrmittel für Yogalehrende, Praktizierende, Heilkundige und andere, die Yoga Nidras anleiten. Tamara Skyhawk gibt uns eine reichhaltige und abwechslungsreiche Auswahl an wortgewandten geführten Meditationen an die Hand, die uns auf eine tief entspannende und heilende Yoga-Nidra-Reise mitnehmen. Diese tiefgehenden Meditationstechniken sind geprägt von traditionsreichen Herkunftslinien, die sie immer weiter verfeinert haben, und sind doch für moderne Praktizierende leicht zugänglich."

– Aiyana Athenian, Mitbegründerin der
ShivaShakti School of Yoga

„Wunderschön geschrieben und man kann leicht folgen. Man spürt das Wissen und die Liebe der Autorin zum Yoga in ihren Texten. Ich kann dieses Buch erfahrenen, aber auch beginnenden Yogaübenden wärmstens empfehlen."

– Kristina Wooldridge, RYT 500

INHALT

Anmerkung der Autorin

Im Laufe der 20 Jahre, in denen ich Yoga unterrichte, habe ich festgestellt, dass sich die Menschen, ihr Lebensstil und ihre Bedürfnisse verändert haben – und damit auch die Art der Yogapraktiken, die gerade jetzt am relevantesten sind.

Ich habe erlebt, wie Menschen erkannt haben, dass ein „Yogakörper" nicht der Schlüssel zum Glück ist. Ich sehe auch Menschen, die allseitig völlig erschöpft sind: körperlich, geistig und spirituell. Mehr als alles andere brauchen viele Menschen jetzt *Ruhe*.

Eine der yogischen Praktiken, die das Bedürfnis nach Ruhe und Verjüngung erfüllen, ist Yoga Nidra (Nidra ist Sanskrit für „Schlaf"), der yogische Schlaf – ein bewusster Schlaf, in völliger Tiefenentspannung bei klarem Bewusstsein, der durch geführte Meditation im Liegen erreicht wird. Yoga Nidra ist außerdem eine der mühelosesten und angenehmsten Yogapraktiken.

Darüber hinaus bietet Yoga Nidra neben Ruhe und Verjüngung noch etwas, das die Menschen jetzt brauchen – die Wiederverbindung mit sich selbst. Ich sehe, dass die Menschen weniger mit sich selbst verbunden sind als je zuvor. Sie sind von ihrem Körper, ihren Energien, ihrem Geist und ihrer inneren Weisheit getrennt – ganz zu schweigen von ihrem höheren Selbst.

Ich habe diese Yoga Nidra-Meditationen entwickelt, damit du und ich Menschen dabei anleiten können, sich zu entspannen, sich zu verjüngen und sich wieder oder sogar zum ersten Mal mit dem ganzen Spektrum ihres Seins zu verbinden: dem lebendigen Körper, dem energetischen Wesen, der Quelle des inneren Wissens, und mit der Quelle selbst.

Durch Yoga Nidra können wir viel Heilung erfahren. Und wie schön ist es doch, einmal nichts zu tun. Nichts zu tun und alles zu gewinnen – dieses Geschenk macht uns Yoga Nidra.

Anmerkung der Übersetzerin

Tamaras Buch ist nicht wie die derzeit erhältlichen deutschen Publikationen zu Yoga Nidra. Es richtet sich an erfahrene Yogalehrende mit Vorkenntnissen. Es beschreibt daher bewusst nicht die Theorie, Geschichte, grundlegende Entspannungsübungen, anatomische Dinge und dergleichen, sondern geht sofort nach einer kurzen Einführung zum Gebrauch des Buches zur Praxis über.

Die Übersetzung spiegelt auch mit Absicht Tamaras Persönlichkeit wider. Eine zu nüchterne Übersetzung oder „Sie" statt „du" hätte dem Buch den Charme genommen, der das englischsprachige Original ausmacht.

Tamara gibt dir 22 „Skripte" an die Hand. Du kannst sie dir wie Konzeptpapiere oder Filmskripte vorstellen. Sie helfen dir, nicht den Faden zu verlieren.

Du kannst sie gerne so nutzen, wie sie sind, aber du als „Regisseur/in" bist auch herzlich dazu eingeladen, sie zu interpretieren und deinen persönlichen Vorlieben, deinen Yoga-Praktizierenden, der Umgebung und anderen Dingen gemäß anzupassen und zu verändern, ob geplant oder spontan.

Du musst sie auch nicht in einer bestimmten Reihenfolge „abarbeiten". Wähle aus, was gerade am besten in eure Yogastunde passt. Nimm deine Schüler und Schülerinnen mit auf viele wunderbare Reisen in den *yogischen Schlaf*, die von 15 Minuten beruhigender Tiefenentspannung mit unterschiedlichen Zielsetzungen bis hin zu langen, erkenntnisreichen oder poetischen Meditationen reichen, die, je nach deinem Tempo, eine halbe oder auch eine Stunde dauern können.

Die Texte sind zum Vorlesen, zum Vortragen, zum Anleiten deiner Übenden gedacht. Sie werden, unabhängig davon, ob du sie veränderst oder nicht, von deiner Stimme und deiner Persönlichkeit getragen und zum Leben erweckt. Sie stellen keine kompletten Yogastunden-Abläufe dar, sondern können – mitsamt der vorgeschlagenen zusätzlichen Übungen oder mit von dir selbst ausgesuchten Übungen – von dir in deine Yogastunde integriert werden, ganz nach Belieben.

Über dieses Buch

Dieses Buch hält diverse anleitende Texte für dich bereit – in verschiedenen Längen, für verschiedene Zwecke, für verschiedene Zeiten und Jahreszeiten, mit Elementen aus verschiedenen Yoga-Traditionen und Stilen.

Einige Dinge treffen aber auf alle Texte zu. Meiner Erfahrung nach hilft Vertrautheit dem Geist, zur Ruhe zu kommen. Wenn du weißt, was in deiner Yoga Nidra-Praxis als Nächstes kommt, musst du weniger nachdenken oder vorhersehen und dein Geist kommt zur Ruhe. Das ist der Schlüssel zu einer effektiven Yoga Nidra-Praxis. In diesem Buch verwende ich eine einheitliche Struktur und allgemeine Begriffe, um Vertrautheit zu schaffen, die für eine mühelosere Entspannung sorgt.

Für mich und die Menschen, die ich anleite, läuft es am besten, wenn ich ähnliche Strukturen, Sätze und Techniken verwende und hin und wieder etwas Neues einbringe. Auf diese Weise werden die vertrauten Muster nicht so sehr „zur Tapete an der Wand", dass der Verstand sie einfach ignoriert und in Gedanken an das Abendessen oder die Wochenendpläne abschweift.

Ich habe auch versucht, die Sprache einfach und vertraut zu halten. Die Texte sind hauptsächlich für erfahrene Yogapraktizierende gedacht, aber so gestaltet, dass sie für alle zugänglich sind. Deshalb habe ich oft einfache Begriffe wie „Energie" statt „Prana", oder „Nabelzentrum" statt „Manipura Chakra" verwendet. Je nachdem, was für eine Gruppe du anleitest, kannst du natürlich auch gerne die Sanskrit-Wörter verwenden, wenn du möchtest.

Ungefähre Zeitangaben für die Yoga Nidra-Übungen sowie Vorschläge für Vor- und Nachübungen helfen dir bei der Planung deiner Yogastunden. Die Zeitangaben hängen von deinem Lesetempo ab, aber zur Orientierung: Ein Zeilenumbruch bedeutet eine kurze Pause, „(Pause)" bedeutet eine Pause für einen tiefen Atemzug und „(lange Pause)" bedeutet eine Pause für drei tiefe Atemzüge. Wie immer gilt: Erfasse die Situation im Raum und passe Tempo und Lesefluss entsprechend an.

In diesen **kostenlosen Audioaufnahmen**
kannst du dir mein Tempo anhören:

- Anytime Calming
- Overflowing Heart Yoga Nidra
- Rainbow Light Yoga Nidra

Du findest sie auf tamaraskyhawk.com/free

Darüber hinaus habe ich die Sprache der Texte so gestaltet, dass sie für möglichst viele Menschen geeignet sind, auch wenn sie nicht in Savasana liegen können. Unterstützt zu sitzen oder in einer alternativen Position zu liegen, ist ebenfalls möglich.

Tipps zur Verwendung dieses Buches

Die 22 anleitenden Texte sind als Ausgangspunkt gedacht. Kreativität ist nicht deine Stärke? Dann lies sie ruhig so, wie sie sind, und passe sie nach Bedarf an, während du deine Yogapraktizierenden beobachtest und mit ihnen sprichst.

Du *bist* kreativ? Lass dich von deiner inneren Weisheit leiten und spiele mit den Texten. Gib ihnen deine eigenen Dreh, lass Abschnitte weg oder füge Elemente hinzu, um sie an die Bedürfnisse deiner Yogaübenden anzupassen. Selbst ich lese diese Texte nicht zweimal auf dieselbe Weise!

Gehe immer auf die Menschen ein, die du anleitest. Frage dich, was in diesem Raum, mit diesen Menschen und zu diesem Zeitpunkt angemessen ist. Und frage auch sie.

Gib vor jeder Yoga Nidra-Übung eine kleine Einweisung. Wenn du dir zum Beispiel die Yoga Nidra-Übung „Treibendes Blatt" ausgewählt hast, frage, ob alle Anwesenden einverstanden sind. Vielleicht erfährst du ja, dass jemand Angst vor dem Ertrinken hat und dass der Text deshalb nicht geeignet ist. Hab keine Angst zu fragen und anzupassen. Und hab immer einen Plan B.

Passe die Texte auch weiterhin an, während die Menschen, die du anleitest, sich auf ihrem Yogaweg weiterentwickeln und während du dich in deinen Fähigkeiten als anleitende Person weiterentwickelst. Im Allgemeinen eignen sich die kürzeren Skripte gut zur Einführung in die Yoga Nidra-Praxis. Die längeren Skripte sind eher für Menschen gedacht, die bereits Erfahrung haben.

Du findest jeweils vor den eigentlichen Übungen auch Vorschläge für Vor- und Nachübungen wie Yogastellungen, Mudras und Mantras. So kannst du umfassendere, tiefgründigere Yoga Nidra-Stunden gestalten. Die Vorschläge richten sich in erster Linie an lehrende Personen, die mit Asanas, Mudras und Mantras vertraut sind. Wenn du das noch nicht bist, kannst du sie als Ausgangspunkt für eine Internetrecherche nehmen. Du könntest auch meine Mudra-Schulung für Yogalehrende in Betracht ziehen, um mehr über Mudras zu erfahren. (Mehr Informationen findest du unter skyhawkyoga.com.)

Ich wünsche dir und allen Menschen, mit denen du diese Yoga Nidra-Übungen teilen wirst, viel freudige Entspannung, Verjüngung und Wiederverbindung!

Beruhigung zu jeder Zeit (15 Min.)

Eine schnelle, wohltuende Übung, um dich jederzeit zu beruhigen.

<u>Vorschläge für die Praxis sowie einleitende und abschließende Übungen:</u>

- Setze diese Übung vor oder nach einer Yogastunde oder einer anderen heilenden Übung oder Behandlung ein. Wenn du sie als alleinige Übung einsetzen möchtest, lass deine Übenden zunächst ein oder zwei Minuten einfache Dehnungen machen, um körperliche Verspannungen zu lösen – z. B. Schulterrollen im Sitzen oder Stehen, Drehungen, Seitbeugen und Vorwärtsbeugen.
- Du könntest die Übung mit dem beruhigenden, universellen Mantra *Om* einleiten oder abschließen.

Sich achtsam einrichten und zur Ruhe kommen

Mach es dir bequem, liegend oder sitzend, unterstützt. Wähle eine Position, die im Moment bequem ist. Bereite dich auf diese Übung der Beruhigung vor.

Lege ein dünnes Kissen oder eine Decke unter deinen Kopf, wenn du magst.

Bedecke dich mit einer Decke, wenn du magst.

Tu alles, was du tun musst, um es dir so bequem wie möglich zu machen. (lange Pause)

Überprüfe, ob deine Kleidung, dein Schmuck oder andere Dinge dich ablenken könnten. Wenn du etwas findest, richte es nun. (Pause)

Überprüfe deinen ganzen Körper und stelle sicher, dass du dich so wohl wie möglich fühlst. Entspannte Füße ... Beine ... Hüften ... Rücken ... Arme ... Schultern ... Kiefer ... Stirn. Überprüfe, ob du dich wohlfühlst. Nimm weitere Anpassungen vor, wenn es dir hilft. (Pause)

Spüre, wie du zur Ruhe kommst.

Ruhig, wie ein stiller See. (Pause)

Und jetzt lass alles los, was vor diesem Moment passiert ist.

Lass alles los, was nach dieser Übung passieren wird.

Bringe deine gesamte Achtsamkeit für die nächsten 15 Minuten in deine Übung ein.

Lass für diese Zeit des Übens alles los, um dich zu beruhigen und zu verbinden.

Atme tief ein ... und beim Ausatmen lass alle Gedanken los, die du in diesem Moment loslassen möchtest.

Lass alle Gedanken los. Lass das Bedürfnis los, etwas zu tun. SEI einfach nur.

Dies ist deine Zeit für dich selbst.

Kein Programm. Nur Frieden. (Pause)

Nimm letzte Anpassungen vor, falls du es noch nicht getan hast. (Pause)

Fange an, die Stille noch mehr zu erleben. Du weißt, dass du dich bewegen kannst, aber wenn es sich gut anfühlt, erlaube dir, diese Stille zu genießen. Diese Chance, nichts zu tun.

Ruhe dich aus. Ganz wie du willst.

Wenn es sich erholsam anfühlt, erlaube diesen Worten, energetisch und nicht mental aufgenommen zu werden. Auch der Verstand kann jetzt ruhen.

An seine Stelle tritt mühelose Achtsamkeit. (Pause)

Spüre, wie alle Erfahrungen immer müheloser werden.

Gelassen und mühelos. (Pause)

Willkommen zu Yoga Nidra. (Pause)

Kreisen der Wahrnehmung im Körper

Lass dich von meiner Stimme führen. Du wirst hören, wie ich eine Reihe von energetischen Punkten nenne.

Erlaube deiner Wahrnehmung, mühelos von Punkt zu Punkt zu schweben.

Beginne damit, deine Wahrnehmung zu dem Punkt zwischen den Augenbrauen schweben zu lassen.

Nimm mühelos den Punkt zwischen den Augenbrauen wahr.

Halsgrube

Rechtes Schultergelenk

Deine Wahrnehmung bewegt sich ungehindert zum rechten Ellbogengelenk

Handgelenk

Rechter Daumen

Spitze des Zeigefingers

Spitze des Mittelfingers

Spitze des Ringfingers

Spitze des kleinen Fingers

Mühelose Wahrnehmung

Rechtes Handgelenk

Ellbogengelenk

Schultergelenk

Halsgrube

Lenke deine Wahrnehmung. Linkes Schultergelenk.

Ellbogengelenk

Handgelenk

Linker Daumen

Spitze des Zeigefingers

Spitze des Mittelfingers

Spitze des Ringfingers

Spitze des kleinen Fingers

Lass deine Wahrnehmung durch deinen Körper kreisen.

Linkes Handgelenk

Ellbogengelenk

Schultergelenk

Halsgrube

Herzzentrum

Rechte Seite des Brustkorbs

Herzzentrum

Linke Seite des Brustkorbs

Herzzentrum

Herzzentrum

Herzzentrum

Das Bewusstsein im Herzzentrum ruhen lassen. Nicht denken, nur fühlen. (Pause)

Atembeobachtung

Werde dir deines Atems bewusst.

Sei dir bewusst, dass sich dein Körper mit jedem Ein- und Ausatmen sanft bewegt. (Pause)

Nimm beim Einatmen wahr, dass sich der Bauch sanft hebt und der Brustkorb sich hebt.

Und beim Ausatmen sinkt der Bauch, der Brustkorb senkt sich.

Einatmen: Bauch hebt sich, Brustkorb hebt sich.

Ausatmen: Bauch senkt sich, Brustkorb senkt sich.

Spüre diese Welle des Atems.

Wie eine Welle, die ans Ufer schwappt und dann wieder vom Ufer wegschwappt.

Folge dieser sanften Welle des Atems.

Beobachte bei jedem Atemzug, wie die Welle steigt und wie sie sinkt.

Du musst deine Atmung nicht verändern.

Beobachte einfach.

Beobachte die natürliche Welle des Atems, so wie du sanfte Wellen auf dem Ozean beobachtest.

Fange an, die Wellen zu zählen.

Folge einfach dem natürlichen Tempo deines Atems.

Einatmen 1

Ausatmen 2

Einatmen 3

Ausatmen 4

Und so weiter, bis 26.

Wenn du den Überblick verlierst, ist das kein Problem. Fang einfach wieder bei 1 an. (1 Minute Pause)

Lass jetzt das Zählen der Atemwellen los.

Es spielt keine Rolle, ob du 26 erreicht oder den Überblick verloren hast.

Lass das Zählen los.

Abschluss – Aufmerksamkeit mehr und mehr nach außen richten

Bringe deine Achtsamkeit zurück in dein Herzzentrum. (Pause)

Nimm wahr, wie sich das Herzzentrum beim Einatmen hebt und beim Ausatmen senkt. (Pause)

Bringe deine Achtsamkeit zurück in deinen Körper.

Yoga Nidra ist nun beendet. (Pause)

Spüre, wie dein Körper friedlich ruht. (Pause)

Spüre den Halt unter dir. (Pause)

Nimm die Temperatur des Raumes wahr, in dem du dich befindest. (Pause)

Nimm die Geräusche wahr. (Pause)

Bringe mehr Bewegung in deinen Körper, indem du ein paar tiefe Atemzüge machst. (Pause)

Bewege nun deine Finger und Zehen. Spüre die Leichtigkeit des Gefühls.

Dehne oder bewege deinen Körper auf jede beliebige Weise. (Pause)

Falls du liegst, rolle dich auf die rechte Seite, wenn du bereit bist. Atme hier ein paar Mal tief durch. Nimm jedes beruhigende Gefühl aus deiner heutigen Übung mit dir mit. (Pause)

Falls du liegst, drücke dich langsam und sanft in die Sitzposition, lass die Augen geschlossen, wenn du kannst, und atme tief ein.

Zum Schluss chanten wir Om und Shanti. Om ist eine universelle Schwingung. Shanti bedeutet Frieden.

Om, Om, Om, (kann ein paar Minuten lang so weitergehen) Shanti, Shanti, Shanti (Pause)

Wenn du bereit bist, öffne sanft deine Augen und nimm das beruhigende Gefühl mit dir in den Raum und in den Rest deines Tages.

Verjüngung zu jeder Zeit (15 Min.)

Eine kurze Übung zur Verjüngung, wenn du dich träge oder blockiert fühlst.

<u>Vorschläge für die Praxis sowie einleitende und abschließende Übungen:</u>

- Leite diese Übung vor oder nach einer Yogastunde oder einer anderen heilenden Übung oder Behandlung. Wenn diese Übung für sich alleine stehen soll, könntest du mit ein oder zwei Minuten einfachen Dehnungen beginnen, um körperliche Verspannungen zu lösen – zum Beispiel Schulterrollen im Sitzen oder Stehen, Drehungen, Seitenbeugen und Vorwärtsbeugen.
- Mach zur Vorbereitung ein paar Minuten Prana Mudra mit deinen Übenden, um sich Energie nutzbar zu machen.

Sich achtsam einrichten und zur Ruhe kommen

Mach es dir bequem, im Liegen oder Sitzen, unterstützt.

Wähle irgendeine Position, die im Moment bequem ist. Mach dich bereit für diese Verjüngungsübung.

Lege ein dünnes Kissen oder eine Decke unter deinen Kopf, wenn du magst.

Bedecke dich mit einer Decke, wenn du magst.

Tu alles, was du tun musst, um es dir so bequem wie möglich zu machen. (lange Pause)

Überprüfe, ob deine Kleidung oder dein Schmuck verrutscht sind oder andere Dinge dich ablenken könnten.

Wenn du irgendetwas bemerkst, bring es jetzt in Ordnung. (Pause)

Überprüfe deinen ganzen Körper und stelle sicher, dass du dich so wohl wie möglich fühlst. Entspannte Füße ... Beine ... Hüften ... Rücken ... Arme ... Schultern ... Kiefer ... Stirn. Überprüfe, ob du dich wohlfühlst. Nimm weitere Veränderungen vor, wenn es dir hilft. (Pause)

Spüre, wie du zur Ruhe kommst. (Pause)

Und jetzt lass alles los, was vor diesem Moment passiert ist.

Lass alles los, was nach dieser Übung passiert.

Bringe deine ganze Achtsamkeit für die nächsten 15 Minuten in deine Übung ein.

Lass alles los für diese Zeit des Übens, um dich zu verjüngen. (Pause)

Atme tief ein ... und lass beim Ausatmen jede Anspannung, jede Müdigkeit los.

Lass alle Gedanken los, alles, was du tun musst. SEI einfach nur.

Dies ist deine Zeit für dich selbst.

Du musst nichts erreichen. Einfach nur den Frieden genießen. (Pause)

Nimm letzte Veränderungen vor, wenn du es nicht schon getan hast. (Pause)

Fange an, die Stille noch mehr zu erleben. Du weißt, dass du dich bewegen kannst, aber wenn es sich gut anfühlt, erlaube dir, diese Stille zu genießen. Diese Chance, nichts zu tun.

Ausruhen. Ganz wie du willst.

Wenn es sich erholsam anfühlt, erlaube meinen Worten, energetisch und nicht mental aufgenommen zu werden. Selbst der Verstand kann jetzt ruhen.

An seine Stelle tritt mühelose Achtsamkeit. (Pause)

Spüre, wie alle Erfahrungen immer müheloser werden.

Gelassen und mühelos. (Pause)

Willkommen zu Yoga Nidra. (Pause)

Kreisen der Wahrnehmung im Körper

Ich werde eine Reihe von energetischen Punkten nennen.

Erlaube deiner Wahrnehmung, frei von Punkt zu Punkt zu fließen.

Als würde sie Lichtpunkte oder Energieströme verbinden.

Beginne mit der Aufmerksamkeit auf dem Punkt zwischen den Augenbrauen.

Nimm ihn energetisch wahr, nicht physisch.

Punkt zwischen den Augenbrauen

Halsgrube

Rechtes Schultergelenk

Deine Wahrnehmung bewegt sich ungehindert.

Rechtes Ellbogengelenk

Handgelenk

Rechter Daumen

Spitze des Zeigefingers

Spitze des Mittelfingers

Spitze des Ringfingers

Spitze des kleinen Fingers

Energetisch wahrnehmen.

Rechtes Handgelenk

Ellbogengelenk

Schultergelenk

Halsgrube

Hinüber zum linken Schultergelenk

Ellbogengelenk

Handgelenk

Linker Daumen

Spitze des Zeigefingers

Spitze des Mittelfingers

Spitze des Ringfingers

Spitze des kleinen Fingers

Zurück zum linken Handgelenk

Ellbogengelenk

Schultergelenk

Halsgrube

Herzzentrum

Rechte Seite des Brustkorbs

Herzzentrum

Linke Seite des Brustkorbs

Herzzentrum

Nabelzentrum

Spitze des Steißbeins

Rechtes Hüftgelenk

Rechtes Kniegelenk

Fußgelenk

Rechte große Zehe

Spitze des zweiten Zehs

Spitze des dritten Zehs

Spitze des vierten Zehs

Spitze des kleinen Zehs

Zurück zum rechten Fußgelenk

Kniegelenk

Hüftgelenk

Spitze des Steißbeins

Wahrnehmung zum linken Hüftgelenk lenken

Linkes Kniegelenk

Fußgelenk

Linker großer Zeh

Spitze des zweiten Zehs

Spitze des dritten Zehs

Spitze des vierten Zehs

Spitze des kleinen Zehs

Zurück zum linken Fußgelenk

Kniegelenk

Hüftgelenk

Spitze des Steißbeins

Nabelzentrum

Herzzentrum

Halsgrube

Augenbrauenzentrum

Augenbrauenzentrum

Augenbrauenzentrum (Pause)

Atembeobachtung

Werde dir jetzt deines Atems bewusst.

Du musst deine Atmung in keiner Weise verändern, richte einfach nur deine Aufmerksamkeit auf deinen Atem.

Spüre, wie du beim Ausatmen Müdigkeit, Stress und Anspannung loslässt.

Spüre, wie du beim Einatmen *grenzenlose Energie* anziehst.

Atme aus und lass Müdigkeit, Stress und Anspannung los.

Atme ein und fülle dich mit grenzenloser Energie.

Ausatmen, vom Scheitel bis zu den Zehen.

Einatmen, von den Zehen bis zum Scheitel.

Ausatmen, vom Scheitel bis zu den Knöcheln.

Einatmen, von den Knöcheln bis zum Scheitel.

Ausatmen, vom Scheitel bis zu den Knien.

Einatmen, von den Knien bis zum Scheitel.

Ausatmen, vom Scheitel über die Wirbelsäule bis zum Steißbein.

Einatmen, vom Steißbein die Wirbelsäule hinauf zum Scheitel.

Ausatmen, vom Scheitel entlang der Wirbelsäule bis zum Nabel.

Einatmen, vom Nabel die Wirbelsäule hinauf zum Scheitel.

Ausatmen, vom Scheitel die Wirbelsäule hinunter zum Herzzentrum.

Einatmen, vom Herzzentrum die Wirbelsäule hinauf zum Scheitel.

Ausatmen, vom Scheitel nach unten zum Kehlkopfzentrum.

Einatmen, vom Kehlkopfzentrum die Wirbelsäule hinauf zum Scheitel.

Ausatmen, vom Scheitel bis zur Brücke zwischen den Nasenlöchern.

Einatmen, von der Brücke zwischen den Nasenlöchern bis zum Scheitel.

Nun zum dritten Auge, ausatmen, bis zur Brücke zwischen den Nasenlöchern.

Einatmen, von der Brücke zwischen den Nasenlöchern hinauf zum dritten Auge.

Zurück zum Scheitel, ausatmen, bis zur Brücke zwischen den Nasenlöchern.

Einatmen, von der Brücke zwischen den Nasenlöchern bis zum Scheitel.

Ausatmen, vom Scheitel über die Wirbelsäule bis zum Kehlkopfzentrum.

Einatmen, vom Kehlkopfzentrum die Wirbelsäule hinauf zum Scheitel.

Ausatmen, vom Scheitel die Wirbelsäule hinunter zum Herzzentrum.

Einatmen, vom Herzzentrum die Wirbelsäule hinauf zum Scheitel.

Ausatmen, vom Scheitel die Wirbelsäule hinunter zum Nabel.

Einatmen, vom Nabel die Wirbelsäule hinauf bis zum Scheitel.

Ausatmen, vom Scheitel die Wirbelsäule hinunter bis zum Steißbein.

Einatmen, vom Steißbein die Wirbelsäule hinauf zum Scheitel.

Ausatmen, vom Scheitel bis zu den Knien.

Einatmen, von den Knien bis zum Scheitel.

Ausatmen, vom Scheitel bis zu den Knöcheln.

Einatmen, von den Knöcheln bis zum Scheitel.

Ausatmen, vom Scheitel bis zu den Zehen.

Einatmen, von den Zehen bis zum Scheitel. (Pause)

Spüre, wie der ganze Körper ein- und ausatmet. (Pause)

Atme kosmische Energie aus deiner Umgebung ein und atme alle Energieblockaden aus. (Pause)

Atme auf diese Weise ein paar Atemzüge lang weiter.

Atme kosmische Energie ein und atme alle Energieblockaden aus. (3 Atemzüge Pause)

Abschluss – Aufmerksamkeit mehr und mehr nach außen richten

Bringe dein Bewusstsein nun zurück in dein Herzzentrum. (Pause)

Nimm wahr, wie sich dein Herzzentrum beim Einatmen hebt und beim Ausatmen senkt. (Pause)

Bringe dein Bewusstsein zurück in deinen Körper.

Yoga Nidra ist nun beendet. (Pause)

Spüre, wie dein Körper friedlich ruht. (Pause)

Spüre den Halt unter dir. (Pause)

Nimm die Temperatur des Raumes wahr, in dem du dich befindest. (Pause)

Nimm die Geräusche wahr. (Pause)

Bringe mit einigen tiefen Atemzügen mehr Bewegung in deinen Körper. (Pause)

Bewege nun deine Finger und Zehen. Spüre, wie die Energie wie ein elektrischer Strom in deinen Körper zurückkehrt.

Dehne oder bewege deinen Körper nach Belieben. Spüre weiterhin, wie die Energie in deinen Körper zurückkehrt. (Pause)

Falls du liegst, drehe dich auf die rechte Seite, wenn du bereit bist. Atme hier ein paar Mal tief durch. Erinnere dich an alle Erfahrungen, die du heute während der Übung gemacht hast. (Pause)

Falls du liegst, richte dich langsam und sanft auf, lass die Augen geschlossen, wenn du kannst, und atme tief ein. Nimm wahr, wie die Energie aufsteigt, während du aufrecht sitzt. (Pause)

Zum Schluss chanten wir dreimal Om und dreimal Shanti. Om ist eine universelle Schwingung. Shanti bedeutet Frieden. Spüre, wie die Energie mit dem Chanten weiter ansteigt.

Om, Om, Om, Shanti, Shanti, Shanti (Pause)

Wenn du bereit bist, öffne sanft deine Augen und bringe das ausgeruhte, verjüngte Gefühl mit dir in den Raum und in den Rest deines Tages.

Ausgeglichenes Denken zu jeder Zeit (15 Min.)

Eine kurze Übung, um die Nutzung deiner Gehirnhälften auszubalancieren, damit du ausgeglichener denken kannst.

<u>Vorschläge für die Praxis sowie einleitende und abschließende Übungen:</u>

- Setze diese Übung vor oder nach einer Yogastunde oder einer anderen heilenden Übung oder Behandlung ein. Wenn du sie als für sich stehende Übung einsetzen möchtest, beginne mit ein bis zwei Minuten einfachen Dehnungen, um Verspannungen im Körper zu lösen – vielleicht mit Schulterrollen im Sitzen oder Stehen, Drehungen, Seitbeugen und Vorwärtsbeugen.
- Bereite deine Übenden mit ein paar Minuten Hakini Mudra vor, um die Gehirnhälften zu verbinden und die Intuition zu verbessern.

Sich achtsam einrichten und zur Ruhe kommen

Mach es dir bequem, liegend oder sitzend, unterstützt.

Wähle eine beliebige Position, die im Moment bequem ist. Bereite dich auf diese Übung für ausgeglicheneres Denken vor.

Lege ein dünnes Kissen oder eine Decke unter deinen Kopf, wenn du magst.

Decke dich mit einer Decke zu, wenn du magst.

Tu, was du tun musst, um es dir richtig bequem zu machen. (lange Pause)

Überprüfe, ob Kleidung, Schmuck oder andere Dinge dich ablenken könnten.

Wenn du etwas findest, bring es jetzt in Ordnung. (Pause)

Überprüfe deinen ganzen Körper und stelle sicher, dass du dich so wohl wie möglich fühlst. Entspannte Füße ... Beine ... Hüften ... Rücken ... Arme ... Schultern ... Kiefer ... Stirn. Überprüfe, ob du dich wohlfühlst. Nimm weitere Veränderungen vor, wenn es dir hilft. (Pause)

Spüre, wie du zur Ruhe kommst. (Pause)

Und jetzt lass alles los, was vor diesem Moment passiert ist.

Lass alles los, was nach dieser Übung passiert.

Bringe deine ganze Achtsamkeit für die nächsten 15 Minuten in deine Übung ein.

Lass alles los für diese Zeit des Übens, um dich wieder ins Gleichgewicht zu bringen und neu zu starten. (Pause)

Atme tief ein ... und lass beim Ausatmen los.

Lass alle Gedanken los, alles, was du tun musst. SEI einfach nur.

Dies ist deine Zeit für dich selbst.

Kein Ziel, kein Bestimmungsort. Erlebe einfach diesen Frieden. (Pause)

Nimm letzte Veränderungen vor, wenn nicht schon geschehen. (Pause)

Beginne, die Stille noch bewusster zu erleben. Du weißt, dass du dich bewegen kannst, aber wenn es sich gut anfühlt, erlaube dir, diese Stille zu genießen. Diese Chance, nichts zu tun.

Ausruhen. Ganz wie du willst.

Wenn es sich erholsam anfühlt, erlaube diesen Worten, energetisch und nicht mental aufgenommen zu werden. Auch der Verstand kann jetzt ruhen.

An seine Stelle tritt mühelose Achtsamkeit. (Pause)

Spüre, wie alle Erfahrungen immer müheloser werden.

Gelassen und mühelos. (Pause)

Willkommen zu Yoga Nidra. (Pause)

Kreisen der Wahrnehmung im Körper

Jetzt beginne, Energie durch deinen Körper zu leiten.

Stelle energetische Verbindungen von Punkt zu Punkt her.

Wie beim Verbinden von elektrischen Strömen, Lichtstrahlen oder einer anderen Art, wie du energetische Verbindungen erlebst.

Lenke deine Wahrnehmung zur rechten Hand hinüber.

Rechter Daumen der rechten Hand

Spitze des Zeigefingers

Spitze des Mittelfingers

Spitze des Ringfingers

Spitze des kleinen Fingers

Zum linken Daumen lenken – energetischer Strom, Lichtstrahl oder eine andere Art des Erlebens.

Spitze des Zeigefingers

Spitze des Mittelfingers

Spitze des Ringfingers

Spitze des kleinen Fingers

Rechtes Handgelenk

Linkes Handgelenk

Rechter Ellbogen

Linker Ellbogen

Energie verbinden

Rechte Schulter

Linke Schulter

Halsgrube

Hinterkopf in der Nähe des Scheitels

Scheitel des Kopfes

Augenbrauenzentrum

Rechte Augenbraue

Linke Augenbraue

Rechtes Auge

Linkes Auge

Rechtes Ohr

Linkes Ohr

Rechte Wange

Linke Wange

Spitze der Nase

Oberlippe

Unterlippe

Spitze des Kinns

Halsgrube

Herzzentrum

Rechte Seite des Brustkorbs

Herzzentrum

Linke Seite des Brustkorbs

Herzzentrum

Nabelzentrum

Spitze des Steißbeins

Rechte Hüfte

Linke Hüfte

Rechtes Knie

Linkes Knie

Schwungvolle Energie.

Rechter Knöchel

Linkes Fußgelenk

Rechter großer Zeh

Zweiter Zeh

Dritter Zeh

Vierte Zehe

Kleiner Zeh

Linker großer Zeh

Zweiter Zeh

Dritter Zeh

Vierter Zeh

Kleiner Zeh

Jetzt die ganze rechte Seite des Körpers

Die ganze linke Seite des Körpers

Ganzer Körper

Ganzer Körper

Ganzer Körper (Pause)

Heiße deinen ganzen Körper mit seinen energetischen Verbindungen willkommen, den ganzen Körper auf einmal. (Pause)

Atembeobachtung

Werde dir jetzt des Atems in deinen Nasenlöchern bewusst. Einfach so, wie es ist. Du musst nichts tun.

Sei dir einfach des Atems bewusst.

Nimm wahr, wie der Atem wie zwei Ströme durch die Nasenlöcher einströmt. (Pause)

Spüre, wie die Ströme am Boden der Nasenlöcher entlang einströmen.

Und spüre, wie der Atem ausströmt.

Luftströme, die am Boden der Nasengänge entlang einströmen.

Luftströme, die ausströmen. (Pause)

Lenke deine Aufmerksamkeit zu deinem rechten Nasenloch.

Folge dem Einatmen durch dein rechtes Nasenloch und spüre beim Ausatmen, wie die Luft durch dein linkes ausströmt.

Halte deine Aufmerksamkeit beim Einatmen auf dem linken Nasenloch und spüre beim Ausatmen, wie der Atem durch das rechte ausströmt.

Mentale Wechselatmung durch jeweils nur ein Nasenloch. Atme durch das rechte ein.

Atme durch das linke aus.

Atme durch das linke ein.

Atme durch das rechte aus.

Atme durch das rechte ein, zähle 1.

Atme durch das linke aus, zähle 2.

Atme durch das linke ein, zähle 3.

Atme durch das rechte aus, zähle 4.

Zähle weiter, bis 26.

Wenn du den Überblick verlierst, fang wieder an. (1 Minute Pause)

Lass jetzt das Zählen los. Es ist egal, bis zu welcher Zahl du gekommen bist oder ob deine Gedanken abgeschweift sind. Lass das Zählen los.

Abschluss – Aufmerksamkeit mehr und mehr nach außen richten

Bringe deine Achtsamkeit zurück in dein Herzzentrum. (Pause)

Nimm wahr, wie sich dein Herzzentrum beim Einatmen hebt und beim Ausatmen senkt. (Pause)

Bringe deine Achtsamkeit zurück in deinen Körper.

Yoga Nidra ist nun beendet. (Pause)

Spüre, wie dein Körper friedlich ausruht. (Pause)

Spüre den Halt unter dir. (Pause)

Nimm die Temperatur des Raumes wahr, in dem du dich befindest. (Pause)

Nimm die Geräusche wahr. (Pause)

Bringe mit ein paar tiefen Atemzügen mehr Bewegung in deinen Körper. (Pause)

Bewege nun deine Finger und Zehen. Spüre die Leichtigkeit dieses Gefühls.

Dehne oder bewege deinen Körper nach Belieben. (Pause)

Falls du liegst, drehe dich auf die rechte Seite, wenn du bereit bist. Und atme hier ein paar Mal tief durch. Nimm alle positiven Gefühle aus deiner heutigen Übung mit dir mit. (Pause)

Falls du liegst, drücke dich langsam und sanft zum Sitzen hoch, lass die Augen geschlossen, wenn du kannst, und atme tief ein. (Pause)

Zum Schluss chanten wir dreimal Om und dreimal Shanti. Om ist eine universelle Schwingung. Shanti bedeutet Frieden.

Om, Om, Om, Shanti, Shanti, Shanti (Pause)

Wenn du bereit bist, öffne sanft deine Augen und bringe das ausgeglichene Gefühl mit dir in den Raum und in den Rest deines Tages.

Sankalpa-Erneuerung zu jeder Zeit (15 Min.)

Erfrische dich mit dem inspirierenden Gefühl deines Sankalpas und pflanze es wieder neu ein.

Vorschläge für die Praxis sowie einleitende und abschließende Übungen:

- Diese Übung setzt eine gewisse Vertrautheit mit dem Konzept von Sankalpa voraus. Wenn nötig, nimm dir etwas Zeit, um die Grundlagen zu erklären. (siehe *Geführte Sankalpa-Entdeckung*)

- Setze diese Übung vor oder nach einer Yogastunde oder einer anderen heilenden Übung oder Behandlung ein. Wenn du sie als für sich stehende Übung einsetzen möchtest, beginne mit ein bis zwei Minuten einfachen Dehnungen, um Verspannungen im Körper zu lösen – vielleicht mit Schulterrollen im Sitzen oder Stehen, Drehungen, Seitbeugen und Vorwärtsbeugen.

- Bereite deine Übenden mit ein paar Minuten einer herzzentrierenden Mudra wie Hridaya Mudra oder Anjali Mudra vor.

Sich achtsam einrichten und zur Ruhe kommen

Mach es dir bequem, liegend oder sitzend, unterstützt.

Wähle eine Position, die sich gerade angenehm anfühlt. Bereite dich darauf vor, das Gefühl für deinen Sankalpa aufzufrischen. Wenn du noch keinen Sankalpa hast, wähle einen, der sich in diesem Moment richtig anfühlt.

Lege ein dünnes Kissen oder eine Decke unter deinen Kopf, wenn du magst.

Decke dich mit einer Decke zu, wenn du magst.

Tu alles, was du tun musst, um es dir so bequem wie möglich zu machen. (lange Pause)

Überprüfe, ob Kleidung, Schmuck oder irgendetwas anderes, das dich ablenken könnte, verrutscht ist.

Wenn dich irgendetwas stört, bringe es jetzt in Ordnung. (Pause)

Überprüfe deinen ganzen Körper und stelle sicher, dass du dich so wohl wie möglich fühlst. Entspannte Füße ... Beine ... Hüften ... Rücken ... Arme ... Schultern ... Kiefer ... Stirn. Überprüfe, ob du dich wohlfühlst. Nimm weitere Veränderungen vor, wenn es dir hilft. (Pause)

Spüre, wie du zur Ruhe kommst. (Pause)

Und jetzt lass alles los, was vor diesem Moment passiert ist.

Lass alles los, was nach dieser Übung passiert.

Bringe deine ganze Achtsamkeit für die nächsten 15 Minuten in deine Übung ein.

Lass alles andere los für diese Zeit des Übens, um dich zu erfrischen und neu zu verbinden.

Atme tief ein ... und beim Ausatmen lässt du los.

Lass alle Gedanken los, alles, was du tun musst. SEI einfach.

Dies ist deine Zeit für dich selbst.

Deine Zeit, um einfach diesen Frieden zu genießen. (Pause)

Nimm letzte Veränderungen vor, wenn du es nicht schon getan hast. (Pause)

Beginne, die Stille noch achtsamer zu erleben. Du weißt, dass du dich bewegen kannst, aber wenn es sich gut anfühlt, erlaube dir, diese Stille zu genießen. Diese Chance, nichts zu tun.

Ausruhen. Ganz wie du willst.

Wenn es sich erholsam anfühlt, erlaube diesen Worten, energetisch und nicht mental aufgenommen zu werden. Auch der Verstand kann jetzt ruhen.

An seine Stelle tritt mühelose Achtsamkeit. (Pause)

Spüre, wie alle Erfahrungen immer müheloser werden.

Gelassen und mühelos. (Pause)

Willkommen zu Yoga Nidra. (Pause)

Sankalpa

Jetzt ist es an der Zeit, deinen Sankalpa – deinen festen Vorsatz oder Entschluss – zu formulieren.

Wenn du schon einen Sankalpa hast, erlaube dem freudigen Gefühl davon, jetzt aufzusteigen. (Pause)

Wenn du noch keinen Sankalpa hast, verwende: „Ich bin gesund", „Ich bin friedlich", „Ich bin voller Energie" oder was auch immer dir spontan in den Sinn kommt.

Fühle den Sankalpa wirklich, stelle dir deinen Vorsatz vor – so lebhaft wie möglich. Wie sieht es aus? Wie hört es sich an? Wie fühlst du dich? (Pause)

Wenn das Gefühl da ist, kann dein Sankalpa gar nicht anders, als sich zu manifestieren.

Sprich genau jetzt deinen Sankalpa dreimal aus, mit Bestimmtheit und Gefühl. (Pause)

Dein Sankalpa wurde empfangen und manifestiert sich bereits.

Kreisen der Wahrnehmung im Körper

Ich nenne nun eine Reihe von energetischen Punkten.

Lasse deine Achtsamkeit mühelos von Punkt zu Punkt schweben.

Beginne damit, deine Aufmerksamkeit zu dem Punkt zwischen den Augenbrauen schweben zu lassen.

Mühelose Wahrnehmung des Punktes zwischen den Augenbrauen

Halsgrube

Rechtes Schultergelenk

Fließende Aufmerksamkeit

Rechtes Ellbogengelenk

Handgelenk

Rechter Daumen

Spitze des Zeigefingers

Spitze des Mittelfingers

Spitze des Ringfingers

Spitze des kleinen Fingers

Mühelose Aufmerksamkeit

Rechtes Handgelenk

Ellbogengelenk

Schultergelenk

Halsgrube

Verlagerung der Wahrnehmung auf das linke Schultergelenk

Ellbogengelenk

Handgelenk

Linker Daumen

Spitze des Zeigefingers

Spitze des Mittelfingers

Spitze des Ringfingers

Spitze des kleinen Fingers

Die Wahrnehmung bewegt sich ungehindert

Linkes Handgelenk

Ellbogengelenk

Schultergelenk

Halsgrube

Herzzentrum

Rechte Seite des Brustkorbs

Herzzentrum

Linke Seite des Brustkorbs

Herzzentrum

Herzzentrum

Herzzentrum

Deine Aufmerksamkeit ruht im Herzzentrum. Nicht denken, nur fühlen. (Pause)

Atembeobachtung

Nimm wahr, wie sich dein Brustkorb bei jedem Atemzug sanft hebt und senkt.

Du brauchst nichts zu tun.

Der Körper atmet von selbst.

Beobachte einfach. (Pause)

Bringe deine Aufmerksamkeit nun zu deinen Nasenlöchern. (Pause)

Verlagere deine Aufmerksamkeit auf das rechte Nasenloch.

Spüre, dass mit jedem Atemzug, der durch das rechte Nasenloch einströmt, Aktion und Leidenschaft angeregt werden.

Rechtes Nasenloch, Aktion und Leidenschaft werden angeregt.
(3 Atemzüge Pause)

Verlagere nun deine Aufmerksamkeit auf das linke Nasenloch.

Spüre, dass mit jedem Atemzug, der durch das linke Nasenloch einströmt, Entspannung und Ruhe angeregt werden.

Linkes Nasenloch, Entspannung und Ruhe. (3 Atemzüge Pause)

Bringe nun deine Aufmerksamkeit zu beiden Nasenlöchern und spüre das Gleichgewicht der beiden einströmenden Atemströme, rechts und links, leidenschaftliche Aktion und entspannende Ruhe.

Atme jetzt ein paar Mal tief ein, ganz wach und aufmerksam, und spüre das Gleichgewicht von leidenschaftlicher Aktion und entspannender Ruhe. (3 Atemzüge Pause)

Sankalpa

Erlaube nun, dass dein Sankalpa wieder aufsteigt.

Erlaube deinem Sankalpa, in Worten und Gefühlen wieder aufzutauchen.

Fühle deinen Sankalpa wirklich, stelle dir deinen Vorsatz vor – so lebendig wie möglich. (Pause)

Wenn das Gefühl da ist, kann es gar nicht anders, als sich zu manifestieren.

Sprich genau jetzt deinen Sankalpa aus, dreimal, mit Klarheit und Gefühl. (Pause)

Dein Sankalpa ist empfangen worden und manifestiert sich bereits.

Ruhe jetzt in dem freudigen Gefühl deines manifestierten Sankalpas. (30 Sekunden Pause)

Abschluss – Aufmerksamkeit mehr und mehr nach außen richten

Bringe deine Aufmerksamkeit nun zurück zum Herzzentrum.

Nimm wahr, wie sich dein Herzzentrum beim Einatmen hebt und beim Ausatmen senkt.

Bringe deine Aufmerksamkeit zurück zu deinem Körper.

Spüre, wie dein Körper friedlich ruht.

Yoga Nidra ist nun beendet. (Pause)

Spüre den Halt unter dir. (Pause)

Nimm die Temperatur des Raumes wahr, in dem du dich befindest. (Pause)

Nimm die Geräusche wahr. (Pause)

Bringe mehr Bewegung in deinen Körper, indem du einen tiefen Atemzug nimmst. (Pause)

Bewege nun deine Finger und Zehen. Spüre, wie die Energie wie ein elektrischer Strom in deinen Körper zurückkehrt.

Dehne oder bewege deinen Körper nach Belieben. Spüre weiterhin, wie die Energie in deinen Körper zurückkehrt. (Pause)

Falls du liegst, drehe dich auf die rechte Seite, wenn du bereit bist. Nimm hier ein paar tiefe Atemzüge. Erinnere dich noch einmal an deinen Sankalpa und das wunderbare Gefühl deines Sankalpas. Behalte dieses Gefühl bei dir. (Pause)

Falls du liegst, richte dich langsam und sanft auf; halte die Augen geschlossen, wenn du kannst, und atme tief ein. (Pause)

Zum Schluss chanten wir dreimal Om und dreimal Shanti. Om ist eine universelle Schwingung. Shanti bedeutet Frieden.

Om, Om, Om, Shanti, Shanti, Shanti (Pause)

Wenn du bereit bist, öffne sanft deine Augen und bringe das schöne Gefühl deines Sankalpas in den Raum und in den Rest deines Tages.

Überfließendes Herz (20 Min.)

Lass dich auf das Gefühl der bedingungslosen Liebe ein und erlaube ihr, auf alles, was du tust, überzugreifen.

<u>Vorschläge für die Praxis sowie einleitende und abschließende Übungen:</u>

- Eine schöne Übung am Ende einer Yogastunde für das abschließende Savasana oder nach jeder Art von Energietherapie wie Reiki, Reflexzonenmassage oder Massage.

- Bereite deine Übenden mit ein paar Minuten Hridaya Mudra, Abhaya Hridaya Mudra oder Anjali Mudra vor, oder lass sie die Yoga Nidra-Übung damit abschließen, um sich mit der Energie des spirituellen Herzens zu verbinden.

- Wähle als Einleitung oder Abschluss ein Shanti Mantra aus, z. B.:

  Sarvesham svastir bhavatu

  Sarvesham shantir bhavatu

  Sarvesham purnam bhavatu

  Sarvesham mangalam bhavatu

  (Möge Wohlstand für alle sein, möge Frieden für alle sein, möge Fülle für alle sein, möge Glückseligkeit für alle sein)

Sich achtsam einrichten und zur Ruhe kommen

Mach es dir bequem, auf dem Rücken oder auf der Seite liegend, oder im Sitzen, unterstützt.

Bereite dich auf deine Yoga Nidra-Praxis des yogischen Schlafs vor, auf einen Schlaf mit einem Element der Bewusstheit.

Bereite dich darauf vor, dich mit deinem Herzen zu verbinden.

Vielleicht legst du ein dünnes Kissen oder eine Decke unter deinen Kopf.

Bedecke dich mit einer Decke, wenn du magst.

Tu alles, was du tun musst, um es dir so bequem wie möglich zu machen. (lange Pause, um zur Ruhe zu kommen)

Lass alles los, von dem du denkst, dass du es tun musst. (Pause)

Es gibt im Moment nichts zu tun.

Wechsle einfach vom Tun zum Sein. (Pause)

Die Beine sind entspannt. (Pause)

Füße sind entspannt. (Pause)

Arme sind entspannt. (Pause)

Schultern sind von den Ohren weg. (Pause)

Nacken ist gestreckt und entspannt. (Pause)

Überprüfe, ob deine Kleidung, dein Schmuck oder irgendetwas anderes dich von deiner Yoga Nidra-Übung ablenken könnte.

Wenn dich etwas stört, bring es jetzt in Ordnung. (Pause)

Überprüfe deinen ganzen Körper und stelle sicher, dass du dich so wohl wie möglich fühlst. (Pause)

Atme tief ein ... und beim Ausatmen lässt du los.

Lass alle Gedanken los, alles, was du tun musst. *SEI* einfach.

Dies ist deine Zeit für dich selbst.

Du musst nichts erreichen. Es gibt keine Aufgabenliste. Kein Streben. Genieße einfach nur diesen Frieden. (Pause)

Nimm letzte Veränderungen vor, falls du es noch nicht getan hast.

Fange an, die Stille zu spüren. Sei dir bewusst, dass du dich bewegen kannst, aber genieße die Süße dieser Stille. Dieses einfache *Sein*. (Pause)

So einfach und doch so frei. In dieser Stille ist alles für dich da. (Pause)

Empfange diese Worte mühelos.

Mühelose Bewusstheit.

Du brauchst dich nicht zu konzentrieren oder zu denken.

Lass den Geist ruhen. Sei mit deinem Herzen bewusst. (Pause)

Willkommen zu Yoga Nidra. (Pause)

Sankalpa

Jetzt ist es an der Zeit, einen tiefempfundenen Entschluss zu fassen – einen Sankalpa.

Wenn du bereits einen Sankalpa hast, erlaube dem damit verbundenen freudigen Gefühl, jetzt aufzusteigen.

Wenn du noch keinen Sankalpa hast, lass einfach eine „Ich bin"-Aussage entstehen, die dich mit Freude erfüllt. Zum Beispiel: „Ich bin ruhig", „Ich bin gesund" oder „Ich bin frei". Was auch immer dein Herz berührt. Du brauchst nicht zu denken, sondern nur zu fühlen. Beende diese Aussage: „Ich bin ...". (Pause)

Ist dir spontan etwas in den Sinn gekommen und hat dein Herz erfüllt?

Denke nicht zu viel darüber nach. Lass dich darauf ein. Das ist dein perfekter nächster Schritt nach vorne.

Wenn dir nichts in den Sinn gekommen ist, verwende: „Ich bin ruhig", „Ich bin gesund" oder „Ich bin frei".

Spüre deinen Sankalpa wirklich, stell ihn dir bildlich vor – so lebendig wie möglich. (Pause)

Wenn das Gefühl da ist, kann es nicht anders, als sich zu manifestieren.

Sag dir deinen Sankalpa jetzt innerlich dreimal, mit Klarheit und Gefühl. (Pause)

Kreisen der Wahrnehmung im Körper

Mach nun eine Reise zu den durch den Körper zugänglichen Energiepunkten.

Nimm alle Empfindungen, Energien oder Visionen wahr, die auftauchen könnten, aber bleibe frei von ihnen. Reise einfach weiter – sorglos.

Es gibt nichts, wonach du suchst, kein Ziel, nur das *Sein*.

Der Geist ist ruhig, das Herz ist achtsam.

Beginne damit, deine Aufmerksamkeit auf den Punkt zwischen deinen Augenbrauen zu richten.

Mühelose Bewusstheit des Punktes zwischen den Augenbrauen

Halsgrube

Rechtes Schultergelenk

Ellbogengelenk

Handgelenk

Rechter Daumen

Spitze des Zeigefingers

Spitze des Mittelfingers

Spitze des Ringfingers

Spitze des kleinen Fingers

Mühelose Wahrnehmung

Rechtes Handgelenk

Ellbogengelenk

Schultergelenk

Halsgrube

Hinüber zum linken Schultergelenk

Ellbogengelenk

Handgelenk

Linker Daumen

Spitze des Zeigefingers

Spitze des Mittelfingers

Spitze des Ringfingers

Spitze des kleinen Fingers

Linkes Handgelenk

Ellbogengelenk

Schultergelenk

Halsgrube

Herzzentrum

Rechte Seite des Brustkorbs

Herzzentrum

Linke Seite des Brustkorbs

Herzzentrum

Herzzentrum

Herzzentrum

Konzentriere deine Aufmerksamkeit auf das Herzzentrum, mühelos, ohne zu denken. Nur fühlen. (Pause)

Atembeobachtung

Nimm wahr, wie sich dein Brustkorb mit jedem Atemzug füllt. Er füllt sich mit Sauerstoff, um deinen ganzen Körper zu beleben. (Pause)

Und auch energetisch ziehst du vitale Lebenskraft an, das sogenannte Prana.

Es ist der Schlüssel zu deiner Vitalität.

Mit jedem tiefen Einatmen erhält dein Körper mehr von dieser Lebenskraft, die er braucht.

Mit jedem tiefen Einatmen erhält dein Körper die Energie, die er braucht, und er seufzt leise vor Erleichterung.

Atme tief ein ... und halte den Atem an, bis dein Körper auf natürliche Weise loslassen will ... dann atme aus.

Erzwinge nichts. Finde den leichten, entspannten Rhythmus, der sich richtig anfühlt.

Atme ein, fülle dich mit Sauerstoff und Energie. Halte den Atem an, während Sauerstoff und Energie aufgenommen und verteilt werden, und atme den leisen Seufzer der Erleichterung aus.

Atme auf diese Weise weiter.

Tiefes, aber entspanntes Einatmen ... sanftes Halten ... und langes, müheloses Ausatmen.

Energie einatmen ... sanft halten ... und beim Ausatmen jede Anstrengung loslassen.

Noch einmal.

Einatmen ... sanft halten ... mühelos ausatmen.

Symbole/Innere Bilder

Bringe dein Bewusstsein nun zurück in dein Herzzentrum. (Pause)

Stelle dir in deinem Herzzentrum ein wunderschönes, leuchtendes Licht in deiner Lieblingsfarbe vor. (Pause)

In diesem Licht ist Liebe. (Pause)

Für einen Moment siehst du in dem Licht eine Vision von bedingungsloser Liebe.

Ein Mensch, ein Haustier, ein schöner Ort, ein göttliches Bild, das den Akkord der bedingungslosen Liebe in deinem Herzen anspricht.

Das Bild der bedingungslosen Liebe im Herzzentrum, erleuchtet von dem glühenden Licht. (lange Pause)

Bleibe dir seiner bewusst.

Erlaube ihm, dein Herzzentrum mit dem Gefühl der bedingungslosen Liebe zu erfüllen. (Pause)

Während das Gefühl wächst, leuchtet das Licht heller und pulsiert. (Pause)

Und jetzt lass zu, dass sich das Bild auflöst, aber halte das Gefühl fest. Halte das Gefühl der Liebe fest.

Spüre, dass sich das Licht der Liebe nicht mehr auf dein Herzzentrum beschränken lässt.

Spüre, wie das Licht der Liebe beginnt, sich auszudehnen; und während es sich ausdehnt, pulsiert das Licht und strahlt aus.

Spüre, wie es sich ausdehnt und über dein Herzzentrum hinausfließt. Es fließt über.

Es fließt durch deinen ganzen Körper. Durch die Arme, hinunter zu den Fingerspitzen. Durch die Beine, hinunter zu den Zehen.

Das Licht der Liebe strahlt aus, sogar über den Körper hinaus.

Es schwappt über. Erschaffe ein Feld aus liebevollem Licht um dich herum. (Pause)

Du bist von liebevollem Licht umgeben.

Hell, warm, tröstlich, lebendig. (Pause)

Sankalpa

Verweile hier in diesem tiefen, friedlichen Zustand der Liebe und erlaube währenddessen deinem Sankalpa, wieder aufzusteigen.

Erlaube dem Gefühl, das mit deinem Sankalpa verbunden ist, aufzusteigen. (Pause)

Nun wiederhole deinen Sankalpa innerlich, dreimal, mit vollem Gefühl und Bewusstheit. (Pause)

Spüre, dass dein Sankalpa wieder neu gepflanzt wurde, wie ein Same.

In diesem tiefen Teil deines Wesens, wo die Samen-Gedanken beginnen, zu schönen Realitäten zu wachsen.

Spüre die Schönheit deines Sankalpas, deines tiefempfundenen Entschlusses, der tief in dir wächst. Der in deinem Herzzentrum erblüht, wie eine strahlende Blume. (Pause)

Deine Seele wird alles manifestieren, was du ihr aufträgst.

Auf diese Weise zeigt deine Seele ihre bedingungslose Liebe zu dir.

Du wirst immer von der bedingungslosen Liebe deiner Seele zu dir gehalten.

Du wirst immer von der bedingungslosen Liebe deiner Seele zu dir gehalten. (Pause)

Spüre diese Liebe in deinem Herzzentrum. (Pause)

Ruhe dich nun für die nächsten paar Minuten in dieser bedingungslosen Liebe, dem Frieden und dem tiefen Trost aus. (3 Minuten Pause)

Abschluss – Aufmerksamkeit mehr und mehr nach außen richten

Ommmmmmmmmm

Wenn deine Gedanken abschweifen, bringe deine Aufmerksamkeit zurück in dein Herzzentrum.

Nimm wahr, wie dein Herzzentrum beim Einatmen anschwillt.

Und wie es sich beim Ausatmen wieder entspannt.

Nimm wahr, wie sich dein Brustkorb beim Einatmen hebt und beim Ausatmen senkt. (Pause)

Bringe deine Aufmerksamkeit zurück zu deinem Körper.

Yoga Nidra ist nun beendet. (Pause)

Spüre, wie dein Körper ruht und still ist. (Pause)

Bringe mehr Bewegung in deinen Körper, indem du ein paar tiefe Atemzüge machst. (lange Pause)

Halte das Gefühl deines überfließenden Herzens fest, während du deine Aufmerksamkeit wieder auf deinen Körper richtest. (Pause)

Wackle mit deinen Fingern und Zehen. Spüre die Leichtigkeit dieses Gefühls.

Dehne oder bewege deinen Körper nach Belieben. Spüre, wie das Gefühl der Liebe im Herzzentrum gleichmäßig nach außen fließt und sich in alle Teile deines Körpers verteilt, während du dich dehnst. (Pause)

Falls du liegst, roll dich auf die rechte Seite, wenn du bereit bist.

Atme ein paar Mal tief durch und wiederhole deinen Sankalpa innerlich noch einmal. (Pause)

Spüre, wie er dein Herz füllt und in deinen ganzen Körper überfließt und ausstrahlt. (Pause)

Falls du liegst, richte dich auf, Augen geschlossen, Brustkorb angehoben, und atme tief ein. (Pause)

Zum Schluss chanten wir dreimal Om und dreimal Shanti. Om ist eine universelle Schwingung. Shanti bedeutet Frieden.

Om, Om, Om, Shanti, Shanti, Shanti (Pause)

Wenn du bereit bist, öffne deine Augen und bringe die Bewusstheit deines überfließenden Herzens mit dir in den Raum und in den Rest deines Tages.

Geführte Sankalpa-Entdeckung (20 Min.)

Entspanne deinen Körper, lass deinen denkenden Verstand zur Ruhe kommen und entdecke den Vorsatz deines Herzens, der tief aus deinem Inneren kommt.

<u>Vorschläge für die Praxis sowie einleitende und abschließende Übungen:</u>

- Dies ist eine großartige Übung für Teilnehmende, für die Yoga Nidra neu ist, aber sie kann auch für erfahrene Praktizierende nützlich sein, die den Weg zum Sankalpa vielleicht bisher eher mit ihren Gedanken gegangen sind, als auf den Ruf des Herzens zu hören.

- Beginne die Stunde mit einem vorbereitenden Gespräch über Sankalpa. In der Praxis ist ein Sankalpa eine kurze, positive Aussage im Präsens, die den Wunsch, den Vorsatz, die Entschlossenheit des Herzens ausdrückt. Beispiele für einen Sankalpa sind: „Ich bin gesund" oder „Ich bin ruhig". In der Yoga Nidra-Praxis pflanzen wir den Sankalpa in das Unterbewusstsein und den kausalen, karmischen Körper. Er hilft uns, uns selbst und unser Leben auf bewusste Weise zu verändern und neue Realitäten von innen nach außen zu manifestieren.

- Erinnere unbedingt die Teilnehmenden daran, wie wichtig es ist, nicht zu denken, sondern auf das zu hören, was das Herz verlangt. Bereite sie darauf vor, dass der Verstand schnell urteilen, kritisieren, analysieren und diskreditieren könnte, sobald das Herz spricht. Lass sie wissen, dass es ihnen freisteht, das „*Sollen*" und „*Nicht-Sollen*" loszulassen. Es steht ihnen frei, dem Ruf des Herzens zu folgen, wenn es sich richtig anfühlt.

- Beginne oder beende die Übung, indem du deine Übenden ein paar Minuten lang eine herzzentrierte Mudra halten lässt, wie zum Beispiel Abhaya Hridaya Mudra (Furchtloses Herz).

- Beginn oder Abschluss mit Bhakti-Yoga oder einem Friedensmantra wie

> Sarvesham svastir bhavatu
> Sarvesham shantir bhavatu
> Sarvesham purnam bhavatu
> Sarvesham mangalam bhavatu
> (*Möge allen Wohlstand zuteilwerden, möge allen Frieden zuteilwerden, möge allen Fülle zuteilwerden, möge allen Verheißung zuteilwerden.*)

Mach dich bereit, deinen Sankalpa zu entdecken.

Bereite dich darauf vor, dich auf den Rücken oder auf die Seite zu legen oder aufrecht zu sitzen, unterstützt.

Mach es dir bequem.

Lockere alle engen Kleidungsstücke oder Schmuckstücke, die dich ablenken könnten. (Pause)

Stütze dich mit Kissen, Nackenrollen, Decken ab, ganz nach Belieben.

Vielleicht magst du ein weiches Kissen oder eine Decke unter deinem Kopf.

Vielleicht magst du eine Decke oder Nackenrolle unter deinen Knien.

Bedecke dich mit einer Decke, wenn du magst. (lange Pause, um zur Ruhe zu kommen)

Überprüfe den Boden unter dir auf Unebenheiten, die dich ablenken könnten. Wenn dich etwas stört, bring es jetzt in Ordnung. (Pause)

Mach es dir für diese Sankalpa-Entdeckung bequem. Wenn du es bequem hast, lass dich hineinfallen. (lange Pause)

Dies ist eine Erfahrung, die dich tief in dein Herz führt, um deinen Sankalpa – deinen Herzenswunsch, deinen Herzensvorsatz, deine Herzensentschlossenheit – zu entdecken.

Ein Sankalpa ist etwas, das wir im Yoga Nidra nutzen, um Dinge in unserem Leben zu manifestieren.

Es ist eine kurze Aussage im Präsens, so etwas wie: „Ich bin heil", „Ich bin gesund", „Ich akzeptiere mich so, wie ich bin".

Bei dieser Erfahrung wirst du herausfinden, was dein Herzenswunsch ist.

Wenn du versuchst, dich zu deinem Sankalpa zu „entscheiden" oder es zu „denken", wird es nicht so viel Kraft haben.

Ein Sankalpa muss aus dem Herzen kommen.

Erlaube dem Verstand, sich zu ergeben, damit das Herz gehört werden kann. (Pause)

Lass alle Ideen darüber los, was du wollen solltest, damit die Botschaft dessen, was du willst, auf natürliche Weise entstehen kann.

Lass das Denken los und gehe zum Fühlen über. (Pause)

Entspanne deinen Körper. (Pause)

Nimm ein paar tiefe Atemzüge.

Richte alle Körperteile so aus, dass du dich rundum wohl fühlst.

Wenn du etwas anderes tun musst, um es dir bequem zu machen, dann tu es jetzt. (Pause)

Erlaube dir, dich voll und ganz gehalten zu fühlen, damit du dich ganz fallen lassen kannst. (Pause)

Komm zur Ruhe und nimm die Stille wahr, die hinter der Bewegung ist.

Die Stille, die da ist. (Pause)

Und erlaube dir, dich in dieser Stille niederzulassen.

Lass dich tief in die Schwerkraft fallen. (Pause)

Es gibt nichts, worüber du nachdenken musst.

Dies ist keine Denkübung, sondern eine Gefühlsübung.

Es gibt nichts zu denken.

Einfach fühlen. (Pause)

Höre mit deinem ganzen Körper zu und erlaube den Worten, energetisch und nicht mental aufgenommen zu werden. (Pause)

Werde dir jetzt des Atems in den Nasenlöchern bewusst.

Spüre die kühle Luft, die einströmt.

Und nimm die warme Luft wahr, die ausströmt.

Nimm jeden Atemzug wahr, kühl beim Einatmen, warm beim Ausatmen.

Beachte auch, dass sich beim Einatmen dein Bauch und dein Brustkorb heben.

Wenn du ausatmest, senkt sich der Bauch und senkt sich der Brustkorb.

Beim Einatmen hebt sich der Bauch und der Brustkorb weitet sich.

Beim Ausatmen senkt sich der Bauch und senkt sich der Brustkorb.

Erlaube deiner Achtsamkeit nun, vom Kopf in den Körper zu sinken.

Die Achtsamkeit sinkt vom Kopf hinunter ins Herzzentrum. (Pause)

Bringe Achtsamkeit ins Herzzentrum.

Spüre, wie all deine Aufmerksamkeit im Herzzentrum ankommt. (Pause)

Und genau jetzt wechsle vom Denken zum Fühlen.

Lass alles los, was du zu wissen glaubst. (Pause)

Atme ein und erlaube einem goldenen, leuchtenden Licht, im Herzzentrum aufzusteigen. (Pause)

Atme schönes, leuchtendes Licht ein.

Erlaube deinem Herzraum, sich mit diesem schönen goldenen Licht zu füllen.

Mit jedem Atemzug füllt sich das Herzzentrum mehr und mehr mit diesem schönen, leuchtenden Licht.

Es füllt das Herzzentrum aus. (Pause)

Das Herz ist so sehr mit leuchtendem Licht gefüllt, dass es nicht mehr eingedämmt werden kann.

Erlaube ihm, in alle Teile deines Körpers zu fließen. Schönes leuchtendes Licht. Es strömt in alle Richtungen aus. Zu den Armen, den Beinen und darüber hinaus.

So viel Licht. Ein nicht endender Strom, der hinausfließt.

Ein wunderschönes, leuchtendes Licht, das vom Herzzentrum aus in alle Teile des Körpers fließt und darüber hinaus. (lange Pause)

Bringe dein Bewusstsein nun zurück zum Herzzentrum, dem Epizentrum dieses fließenden Lichts.

Werde dir des Lichts im Herzzentrum bewusst.

Erlaube dem Bild einer Person, eines Ortes oder einer Tätigkeit, die du sehr liebst, in diesem glühenden Licht im Herzzentrum zu erscheinen.

Dem Bild einer Person, eines Ortes oder einer Tätigkeit, die dich zum Strahlen bringt. Dir das Gefühl gibt, lebendig zu sein.

Denke nicht zu viel nach. Irgendetwas, das dich zum Strahlen bringt.

Erlaube dem Bild, im Herzraum aufzutauchen, und dann nimm diese positiven Gefühle auf.

Erlaube diesen Gefühlen, dich mit Freude zu erfüllen.

Spüre sie in jeder Pore deines Wesens. (Pause)

Absolute Freude. (Pause)

Jetzt, in dieser strahlenden Wärme der Freude, diesem liebevollen Licht, diesem Strom des unbegrenzten Potenzials im Herzzentrum, frage dich:

Was wünsche ich mir zutiefst?

Wozu ruft mich mein Herz? (kurze Pause)

Was taucht spontan auf?

Du brauchst nicht zu denken. Fühle einfach.

Wenn dein Verstand dich unterbricht, ignoriere ihn einfach.

Erlaube deinem Herzen, frei zu sprechen. (Pause)

Stell dir vor, dass du das bist oder tust, was dein Herz sich wünscht. (Pause)

Wie sieht das aus? (Pause)

Wie hört es sich an? (Pause)

Wie geht es dir? (Pause)

Überlege nicht zu viel.

Versuche, es so detailliert wie möglich zu sehen. Bildlich. (Pause)

Welches Gefühl hast du jetzt? Wie fühlst du dich? (Pause)

Formuliere es in ein paar Schlüsselwörtern im Präsens als deinen Sankalpa.

„Ich bin … ." oder „Ich habe … ." (Pause)

Überprüfe diese wenigen spezifischen Worte noch einmal. Bringen sie dich wirklich zum Strahlen oder ist es noch nicht ganz richtig?

Wiederhole die Worte in deinem Kopf und nimm das Gefühl wahr. (Pause)

Schwingt es in diesem Raum der absoluten Freude und des Lichts voll mit? (Pause)

Wenn nicht, versuche, dass es genau richtig ist. Passe die Worte so an, wie du es brauchst. Und wenn es genau richtig ist, ruhe dich in diesem schönen Gefühl aus. (Pause)

Wenn du dich verirrt hast, kehre zu diesem Gefühl der Freude zurück, das jeden Aspekt deines Seins durchdringt.

Wiederhole den Sankalpa und überprüfe, ob er vollständig mit dir im Einklang ist. Die Freude bleibt in vollem Umfang erhalten und wird in keiner Weise gedämpft. Vielleicht dehnt sich die Freude sogar noch weiter aus. (Pause)

Verweile nun ein paar Augenblicke in dem Gefühl deines Sankalpas. Erlaube ihm, tief in dich einzusinken. Er durchdringt jeden Teil deines Wesens.

Verweile in dem schönen, freudigen Gefühl deines Sankalpas. (1 Minute Pause)

Bringe dein Bewusstsein nun zurück zu deinem Atem.

Nimm den Atem in den Nasenlöchern wahr, kühl beim Einatmen, warm beim Ausatmen. (Pause)

Nimm die subtilen Bewegungen in deinem Körper wahr, während du atmest. (Pause)

Du kannst diese Bewegungen jetzt vergrößern, indem du einen tiefen Atemzug nimmst. (Pause)

Spüre, wie Bewegung die Stille aufbricht.

Fang an, mit deinen Fingern und Zehen zu wackeln. (Pause)

Dehne deinen Körper von Kopf bis Fuß, wenn du bereit bist. (Pause)

Falls du liegst, rolle dich langsam auf deine rechte Seite.

Nimm hier ein paar Atemzüge. Erinnere dich noch einmal an deinen Sankalpa, wenn du einen entdecken konntest. Wenn nicht, versuche es ein anderes Mal.

Nimm deinen Sankalpa mit dir in deinen Tag.

Du kannst jederzeit zu ihm zurückkehren.

Erkenne, dass sich dein Sankalpa manifestieren wird. Fühle es tief in dir. (lange Pause)

Falls du liegst, richte dich zum Sitzen auf, wenn du bereit bist, mit geschlossenen Augen.

Atme tief ein ... und aus.

Atme noch einmal tief ein ... und wir schließen mit dem Mantra Om ab. Mach mit, wenn du magst.

Om Om Om Shanti Shanti Shanti (Pause)

Wenn du bereit bist, öffne sanft und langsam deine Augen und nimm deinen Sankalpa mit dir, während du wieder in den Raum und in deinen Tag zurückkehrst.

Reines Bewusstsein (25–30 Min.)

Entdecke, was jenseits allen Tuns liegt. Lass dich in die Essenz deines eigenen Selbst fallen. Ruhe in der Stille deines eigenen Selbst.

Vorschläge für die Praxis sowie einleitende und abschließende Übungen:

- Vorbereitung oder Abschluss: ein paar Minuten Om-Singen, Chin Mudra oder eine andere meditative Mudra, um sich mit der Natur des Selbst zu verbinden.

- Vorbereitung oder Abschluss mit einem Ganzheitsmantra wie

   Om Purnamadah Purnamidam
   Purnat Purnam Udacyate
   Purnasya Purnamadaya
   Purnamaivavashisyate
   Om Shanti Shanti Shanti
   (Dort ist Ganzheit, ich bin Ganzheit. Aus der Ganzheit wird die Ganzheit. Trennt man Ganzheit von der Ganzheit, verbleibt die Ganzheit.)

- Achte darauf, dass nach dieser Übung genügend Zeit bleibt, damit deine Übenden die Erfahrung verarbeiten und sanft in ihren Alltag zurückkehren können. Kein Yoga Nidra sollte überstürzt werden, aber besonders nicht eines wie dieses, das die Menschen mit ihrer subtilsten Realität verbindet.

Sich achtsam einrichten und zur Ruhe kommen

Mach es dir bequem – auf dem Rücken liegend oder, wenn das nicht bequem ist, auf der Seite liegend oder sitzend, unterstützt.

Bereite dich auf Yoga Nidra vor, den *yogischen Schlaf* mit einem Element von Bewusstheit.

Vielleicht baust du dir ein gemütliches Nest mit Kissen, Decken, Nackenrollen – was auch immer dein Körper braucht, um sich in diesem Moment so wohl wie möglich zu fühlen. (lange Pause, um zur Ruhe zu kommen)

Mach dich bereit, nichts zu tun. (Pause)

Nichts, was du tun musst.

Nichts, was du sein musst.

Nichts, was du fühlen musst.

Niemand, den du zufriedenstellen musst.

Da bist nur *du*.

Keine Erwartung.

Kein Ziel.

Keine Tagesordnung.

Du kannst gar nichts falsch machen.

Es gibt nichts, worüber du nachdenken müsstest.

Mach es dir einfach bequem für diese Praxis des *Nicht-Tuns*.

Passe deinen Körper oder deine Hilfsmittel so an, dass du es bequem hast. (Pause)

Achte darauf, wie du dich fühlst.

Du solltest dich wohlfühlen, aber nicht schläfrig.

Wenn du dich schläfrig fühlst, könntest du es etwas weniger warm und etwas weniger dunkel machen.

Du kannst auch deine Kopfhaltung überprüfen. Wenn dein Kinn eingezogen ist, kann das den Schlaf fördern. Versuche, deinen Kopf in eine neutrale Position zu bringen, in der dein Kinn weder nach unten noch nach oben zeigt, und beobachte, wie sich deine Energie und Wachsamkeit dadurch verändern. Versuche, deinen Kopf in eine Position zu bringen, in der du dich entspannt, aber immer noch wach und nicht schläfrig fühlst. (Pause)

Richte dich so ein, dass du wach und aufmerksam bleiben und gleichzeitig in friedlicher Gelassenheit ruhen kannst.

Überprüfe, ob deine Füße und Knöchel entspannt sind. (Pause)

Waden, Knie und Oberschenkel sind entspannt. (Pause)

Hüften sind entspannt. (Pause)

Unterer Rücken, mittlerer Rücken, oberer Rücken sind entspannt. Ganzer Rücken, schmelzend. (Pause)

Hände und Arme entspannen sich. (Pause)

Schultern und Nacken entspannen sich. (Pause)

Kiefer, Zunge und Wangen entspannen sich. (Pause)

Augen, Stirn und Kopfhaut entspannen sich. (Pause)

Der ganze Körper ist völlig entspannt. (Pause)

Es gibt nichts zu tun. (Pause)

Der Körper ist entspannt. (Pause)

Die Aufmerksamkeit bleibt. (Pause)

Willkommen zu Yoga Nidra. (Pause)

Kreisen der Wahrnehmung im Körper

Bringe deine Aufmerksamkeit in deinen Körper.

Erlebe es energetisch und nicht physisch.

Ich werde mehrere Punkte nennen.

Sie bilden energetische Bahnen.

Erlaube deiner Wahrnehmung, sich ungehindert von einem Punkt zum nächsten zu bewegen. Du brauchst dich nicht zu konzentrieren, sondern bewegst nur deine Aufmerksamkeit. Ganz mühelos.

Wenn du zu irgendeinem Zeitpunkt den Drang verspürst, die Führung durch meine Stimme loszulassen und dich in die Meditation fallen zu lassen, dann lass dich fallen.

Wenn du dich irgendwann bewegen musst, dann bewege dich.

Sei mühelos.

Beginne mit der Wahrnehmung des energetischen Punktes zwischen den Augenbrauen.

Nimm den Punkt zwischen den Augenbrauen mühelos wahr.

Halsgrube

Deine Wahrnehmung bewegt sich ungehindert und zügig.

Rechtes Schultergelenk

Ellbogengelenk

Handgelenk

Rechter Daumen

Spitze des Zeigefingers

Spitze des Mittelfingers

Spitze des Ringfingers

Spitze des kleinen Fingers

Energetisch wahrnehmen.

Rechtes Handgelenk

Ellbogengelenk

Schultergelenk

Halsgrube

Hinüber zum linken Schultergelenk.

Ellbogengelenk

Handgelenk

Linker Daumen

Spitze des Zeigefingers

Spitze des Mittelfingers

Spitze des Ringfingers

Spitze des kleinen Fingers

Zurück zum linken Handgelenk.

Ellbogengelenk

Schultergelenk

Halsgrube

Herzzentrum

Rechte Seite des Brustkorbs

Herzzentrum

Linke Seite des Brustkorbs

Herzzentrum

Nabelzentrum

Steißbeins Spitze

Rechtes Hüftgelenk

Rechtes Kniegelenk

Fußgelenk

Rechter großer Zeh

Spitze des zweiten Zehs

Spitze des dritten Zehs

Spitze des vierten Zehs

Spitze des kleinen Zehs

Zurück zum rechten Fußgelenk.

Kniegelenk

Hüftgelenk

Spitze des Steißbeins

Aufmerksamkeit zum linken Hüftgelenk lenken.

Linkes Kniegelenk

Fußgelenk

Linker großer Zeh

Spitze des zweiten Zehs

Spitze des dritten Zehs

Spitze des vierten Zehs

Spitze des kleinen Zehs

Zurück zum linken Fußgelenk.

Kniegelenk

Hüftgelenk

Spitze des Steißbeins

Nabelzentrum

Herzzentrum

Halsgrube

Augenbrauenzentrum

Augenbrauenzentrum

Augenbrauenzentrum (Pause)

Atembeobachtung

Fühle, als ob du durch den Punkt zwischen deinen Augenbrauen ein-
und ausatmest. (Pause)

In einer geraden Linie, von dem Punkt zwischen den Augenbrauen bis
zum Zentrum des Gehirns. (Pause)

Atme jetzt einige Atemzüge lang so. (4–5 Atemzüge Pause)

Erlaube deinem Atem, subtiler zu werden. (Pause)

Atme in einer geraden Linie, von dem Punkt zwischen den
Augenbrauen bis zum Zentrum des Gehirns. (Pause)

Der Atem wird subtiler und subtiler. (Pause)

Bis der Atem fast nicht mehr wahrnehmbar ist. (lange Pause)

Symbole/Innere Bilder

(Langsam lesen)

Fast alles *Tun* hat aufgehört.

Nur das Zuhören bleibt.

Bereite dich darauf vor, auch das Zuhören hinter dir zu lassen, um zu erfahren, was dahinter liegt.

Wenn alles *Tun* aufhört, bleibt nur noch reine Bewusstheit.

Immer frei, immer präsent.

Präsent durch *Tun* und *Nicht-Tun*.

Beständig. Ewig.

Bewusstheit ist das, was bleibt, wenn alles *Tun* endet.

Reine Bewusstheit. (Pause)

Das ist deine Essenz.

DAS ist, was du bist.

Du, deine Bewusstheit, bist während deines gesamten Wachseins, deiner Träume, deines Tiefschlafs und auch nach dem Aufwachen präsent.

Du bist der rote Faden.

Du bist die Bewusstheit.

Du bist dir des Angenehmen und des Unangenehmen, des Erfolgs und des Misserfolgs bewusst. Und doch bist du immer *frei und unbeeinflusst* von allem.

Frei und unbeeinflusst.

Du bist die reine Bewusstheit.

Unter all dem Denken und Tun bist du in Frieden.

Du *bist* Frieden.

Du bist der Frieden, nach dem du die ganze Zeit gesucht hast. Du, dein Selbst. (Pause)

Es gibt nichts zu suchen.

Nichts zu erreichen.

Es gibt keinen Abstand zwischen dem, was du suchst und dem, was du bereits bist.

Du bist es.

Lass also nun dein Gehirn ruhen.

Es gibt nichts mehr zu tun.

Lass den Verstand los. Wie ein Instrument, das du festhältst.

Lass den Verstand los.

Lass ihn los.

Lass dich in die Stille und Ruhe fallen, die bleibt.

Lass dich in die Stille und Ruhe fallen.

Ruhe in der Stille deines eigenen Selbst. (4–10 Minuten Pause)

Abschluss – Aufmerksamkeit mehr und mehr nach außen richten

Ommmmmm

Bringe deine Aufmerksamkeit zurück zu deiner Atmung. Nimm die Atmung deines Körpers wahr. Spüre, wie dein Körper atmet.

Nimm dir einen Moment Zeit, um das *Nicht-Tun* deiner Atmung zu genießen. (lange Pause)

Atme jetzt tief ein.

Spüre, wie Energie und Bewusstsein in deinen Körper zurückkehren.

Yoga Nidra ist nun beendet. (Pause)

Nimm einen weiteren Atemzug. (Pause)

Wenn du Lust hast, sanfte Bewegungen im Körper zu machen, dann mach sie. Wenn du Lust hast, größere Bewegungen zu machen, dann mach sie. (Pause)

Höre in dich hinein und bewege dich, wann und wie du willst. (Pause)

Falls du liegst, dreh dich auf die Seite, wenn es sich richtig anfühlt.

Und wenn du magst, nimm dir einen Moment Zeit, um dich an dein Erlebnis zu erinnern. (Pause)

Was nimmst du aus deiner heutigen Erfahrung mit? (Pause)

Setz dich aufrecht hin.

Halte die Augen geschlossen, wenn du kannst.

Spüre, wie die Energie nach oben steigt, während du sitzt.

Spüre, wie sich dein Körper aktiviert.

Wie sich dein Geist aktiviert.

Bleibe dabei trotzdem entspannt.

Zum Abschluss chante ich Om und Shanti, jeweils dreimal. Mach mit, wenn du magst.

Nimm wahr, wie die Energie mit dem Singen ansteigt.

Om Om Om Shanti Shanti Shanti (Pause)

Öffne langsam und sanft deine Augen, wenn du bereit bist, dich wieder in den Raum und in deinen Tag hineinzuleben, verbunden mit der Essenz deines Seins.

Mehr Energie (25–30 Min.)

Belebe dich in Zeiten niedriger Energie mit dieser pranaschöpfenden Yoga Nidra-Praxis. Perfekt für den Winter oder für Menschen, die überwiegend in geschlossenen Räumen oder bei schlechter Belüftung arbeiten oder leben.

<u>Vorschläge für die Praxis sowie einleitende und abschließende Übungen:</u>

- Ideal für das abschließende Savasana einer Yoga-Stunde zur Erneuerung von Prana. (Für weitere Informationen kannst du dir meinen *Prana Restorative Yoga Course* auf skyhawkyoga.com ansehen.)

- Beginne mit einigen sanften Yoga-Asanas oder Bewegungen. Achte darauf, dass du deine Teilnehmenden nicht ermüdest, da sie vielleicht schon wenig Energie haben.

- Vorbereitung oder Abschluss mit ein paar Minuten Prana Mudra für Vitalität

- Vorbereitung oder Abschluss mit einem pranaspendenden Mantra wie Om Haum Joom Saha

- Beende die Übung mit ein paar einfachen Dehnungen oder Bewegungen wie Schulterrollen, sitzenden Seitenbeugen und Drehungen sowie einer Selbstmassage der Schultern, des Nackens und der Kopfhaut, um den physischen Körper wieder mit Energie zu versorgen.

Sich achtsam einrichten und zur Ruhe kommen

Lege dich bequem hin oder sitze aufrecht, unterstützt. Bereite dich auf diese energiespendende Yoga-Nidra-Übung vor.

Falls du liegst, lege ein dünnes Kissen oder eine Decke unter deinen Kopf, um ihn zu stützen – aber so, dass dein Kopf noch in der richtigen Position ist.

Deck dich mit einer Decke zu, wenn du magst.

Tu alles, was du tun musst, um es bequem zu haben. (lange Pause)

Wenn du in Savasana liegst, liegen die Füße hüftbreit auseinander und fallen locker zu den Seiten. Deine Arme sind vom Körper weg und lassen unter den Achseln Platz. Die Handflächen zeigen nach oben.

In jeder Position sind die Schultern von den Ohren weg. (Pause)

Überprüfe, ob dein Kopf bequem und gerade ausgerichtet liegt. (Pause)

Überprüfe, ob alles ist, wie es sein soll. (Pause)

Mach es deinem ganzen Körper so bequem wie möglich.

Spüre den Halt, den der Boden dir gibt. Lass dich von ihm halten, während du dich ganz der Schwerkraft überlässt. (Pause)

Lass dich von diesem Halt tragen. (Pause)

Atme tief ein ... und während du ausatmest, lass alles los, von dem du glaubst, es jetzt tun zu müssen. Es gibt nichts, was du tun musst. Nichts, worüber du nachdenken musst. Schieb alles beiseite. (Pause)

Richte deine ganze Aufmerksamkeit nach innen. (Pause)

Atme ein und fühle dich in diesem Moment präsent.

Atme aus und lass alles los, was außerhalb dieses Augenblicks liegt.

Atme ein und fühle dich in diesem Moment präsent.

Atme aus und lass alles außerhalb von hier und jetzt los.

Werde dir deines Körpers bewusst. Nimm deinen ganzen Körper wahr, vom Scheitel bis zu den Zehenspitzen und von den Zehenspitzen bis zum Scheitel.

Spüre die Stille in deinem ganzen Körper.

Du kannst deinen Körper jederzeit bewegen, aber mach es dir so bequem, dass du kein Verlangen haben wirst, dich zu bewegen. (Pause)

Lass dich zur Ruhe kommen.

Absoluter Komfort.

Stille.

Anstrengungslosigkeit. (Pause)

Wach und aufmerksam.

Willkommen zu Yoga Nidra. (Pause)

Sankalpa

Jetzt ist es an der Zeit, deinen Sankalpa, deinen tiefempfundenen Entschluss, innerlich auszusprechen.

Wenn du bereits einen Sankalpa hast, erlaube dem damit verbundenen freudigen Gefühl, jetzt aufzusteigen.

Wenn du noch keinen Sankalpa hast, kannst du dir sagen: „Ich bin energiegeladen und voller Leben".

„Ich bin energiegeladen und voller Leben". (Pause)

Fühle den Sankalpa wirklich, stelle ihn dir bildlich vor – so lebendig wie möglich. (Pause)

Wenn das Gefühl da ist, kann es nicht anders, als sich zu manifestieren. (Pause)

Sprich genau jetzt innerlich deinen Sankalpa aus. Falls du noch keinen Sankalpa hast, sage dir: „Ich bin voller Energie und Leben", dreimal, mit Gewissheit und Gefühl. (Pause)

Kreisen der Wahrnehmung im Körper

Nun bringe deine Achtsamkeit tief in deinen Körper hinein.

Gleich beginnt eine energetische Reise.

Ich werde mehrere Körperteile nennen.

Lass deine Achtsamkeit schnell, mühelos von einem zum nächsten wandern.

Erfahre sie energetisch, nicht physisch.

Richte nun deine Aufmerksamkeit auf den Punkt zwischen den Augenbrauen.

Mühelose Wahrnehmung des Punktes zwischen den Augenbrauen

Halsgrube

Rechtes Schultergelenk

Ellbogengelenk

Handgelenk

Rechter Daumen

Spitze des Zeigefingers

Spitze des Mittelfingers

Spitze des Ringfingers

Spitze des kleinen Fingers

Energetisch wahrnehmen

Rechtes Handgelenk

Ellbogengelenk

Schultergelenk

Halsgrube

Hinüber zum linken Schultergelenk.

Ellbogengelenk

Handgelenk

Linker Daumen

Spitze des Zeigefingers

Spitze des Mittelfingers

Spitze des Ringfingers

Spitze des kleinen Fingers

Zurück zum linken Handgelenk.

Ellbogengelenk

Schultergelenk

Halsgrube

Herzzentrum

Rechte Seite des Brustkorbs

Herzzentrum

Linke Seite des Brustkorbs

Herzzentrum

Nabelzentrum

Spitze des Steißbeins

Rechtes Hüftgelenk

Rechtes Kniegelenk

Fußgelenk

Rechter großer Zeh

Spitze des zweiten Zehs

Spitze des dritten Zehs

Spitze des vierten Zehs

Spitze des kleinen Zehs

Zurück zum rechten Fußgelenk

Kniegelenk

Hüftgelenk

Spitze des Steißbeins

Aufmerksamkeit zum linken Hüftgelenk leiten.

Linkes Kniegelenk

Fußgelenk

Linker großer Zeh

Spitze des zweiten Zehs

Spitze des dritten Zehs

Spitze des vierten Zehs

Spitze des kleinen Zehs

Zurück zum linken Fußgelenk.

Kniegelenk

Hüftgelenk

Spitze des Steißbeins

Nabelzentrum

Herzzentrum

Halsgrube

Augenbrauenzentrum

Augenbrauenzentrum

Augenbrauenzentrum (Pause)

Atembeobachtung

Jetzt nimm deinen Atem wahr.

Es ist nicht nötig, deine Atmung in irgendeiner Weise zu verändern. Richte einfach nur deine Aufmerksamkeit auf deinen Atem. (Pause)

Beim Ausatmen spürst du, wie du Müdigkeit, Stress und Anspannung loslässt.

Beim Einatmen spürst du, wie du *grenzenlose Energie* aufnimmst.

Ausatmen, Müdigkeit, Stress und Anspannung loslassen.

Einatmen, *grenzenlose Energie* aufnehmen.

Ausatmen, loslassen.

Einatmen, Energie aufnehmen.

Ausatmen, vom Scheitel bis zu den Zehen.

Einatmen, von den Zehen bis zum Scheitel.

Ausatmen, vom Scheitel bis zu den Knöcheln.

Einatmen, von den Knöcheln bis zum Scheitel.

Ausatmen, vom Scheitel bis zu den Knien.

Einatmen, von den Knien bis zum Scheitel.

Ausatmen, vom Scheitel über die Wirbelsäule bis zum Steißbein.

Einatmen, vom Steißbein die Wirbelsäule hinauf zum Scheitel.

Ausatmen, vom Scheitel entlang der Wirbelsäule bis zum Nabel.

Einatmen, vom Nabel die Wirbelsäule hinauf zum Scheitel.

Ausatmen, vom Scheitel die Wirbelsäule hinunter zum Herzzentrum.

Einatmen, vom Herzzentrum die Wirbelsäule hinauf zum Scheitel.

Ausatmen, vom Scheitel nach unten zum Kehlkopfzentrum.

Einatmen, vom Kehlzentrum die Wirbelsäule hinauf zum Scheitel.

Ausatmen, vom Scheitel bis zur Brücke zwischen den Nasenlöchern.

Einatmen, von der Brücke zwischen den Nasenlöchern bis zum Scheitel.

Jetzt zum dritten Auge, ausatmen bis zur Brücke zwischen den Nasenlöchern.

Einatmen, von der Brücke zwischen den Nasenlöchern bis zum dritten Auge.

Zurück zum Scheitel, ausatmen bis zur Brücke zwischen den Nasenlöchern.

Einatmen, von der Brücke zwischen den Nasenlöchern bis zum Scheitel.

Ausatmen, vom Scheitel über die Wirbelsäule bis zum Kehlkopfzentrum.

Einatmen, vom Kehlkopfzentrum die Wirbelsäule hinauf zum Scheitel.

Ausatmen, vom Scheitel die Wirbelsäule hinunter zum Herzzentrum.

Einatmen, vom Herzzentrum die Wirbelsäule hinauf zum Scheitel.

Ausatmen, vom Scheitel die Wirbelsäule hinunter zum Nabel.

Einatmen, vom Nabel die Wirbelsäule hinauf zum Scheitel.

Ausatmen, vom Scheitel die Wirbelsäule hinunter bis zum Steißbein.

Einatmen, vom Steißbein die Wirbelsäule hinauf zum Scheitel.

Ausatmen, vom Scheitel bis zu den Knien.

Einatmen, von den Knien bis zum Scheitel.

Ausatmen, vom Scheitel bis zu den Knöcheln.

Einatmen, von den Knöcheln bis zum Scheitel.

Ausatmen, vom Scheitel bis zu den Zehen.

Einatmen, von den Zehen bis zum Scheitel des Kopfes. (Pause)

Spüre, wie dein ganzer Körper ein- und ausatmet. (Pause)

Atme kosmische Energie aus deiner Umgebung ein und atme alle Energieblockaden aus.

Atme kosmische Energie aus deiner Umgebung ein und atme alle Energieblockaden aus. (lange Pause)

Nimm den Raum zwischen deinen Augenbrauen wahr.

Fühle, wie du aus dem Raum zwischen den Augenbrauen ein- und ausatmest. (lange Pause)

Nimm deine Kehle wahr.

Stelle dir einen leuchtenden Vollmond vor.

Bade in diesem erhabenen Mondlicht.

Erlaube seinen Strahlen, dich zu beruhigen, zu klären und vollkommen zu besänftigen. (Pause)

Sei dir des Raumes in deinem Herzzentrum bewusst.

Tauche tief in diesen Raum ein.

Tief in die Stille.

Sei wach und aufmerksam.

Tief in der Stille des Herzzentrums. (lange Pause)

Sankalpa

Erlaube nun deinem Sankalpa, wieder aufzusteigen.

Erlaube deinem Sankalpa, in Worten und Gefühlen zu erscheinen.

Du hast vielleicht deinen eigenen Sankalpa oder „Ich bin voller Energie und Leben" benutzt.

Fühle den Sankalpa wirklich, stelle dir deinen Vorsatz bildlich vor – so lebendig wie möglich. (Pause)

Wenn das Gefühl da ist, kann es nicht anders, als sich zu manifestieren. (Pause)

Sprich genau jetzt innerlich deinen Sankalpa aus. Falls du keinen Sankalpa hast, sage dir: „Ich bin voller Energie und Leben", dreimal, mit Klarheit und Gefühl. (Pause)

Dein Sankalpa ist empfangen worden und wird bereits manifestiert.

Ruhe dich jetzt für die nächsten paar Minuten in dem freudigen Gefühl deines manifestierten Sankalpas aus. (3–8 Minuten Pause)

Abschluss – Aufmerksamkeit mehr und mehr nach außen richten

Ommmmmmmmmm

Nimm den Raum im Herzzentrum wahr.

Nimm die tiefe Stille und Ruhe im Herzzentrum wahr. (Pause)

Nimm wahr, dass der Körper atmet und ruht.

Spüre die sanfte Bewegung des ruhenden, atmenden Körpers. (Pause)

Erwecke die gespeicherte Energie im Körper, indem du tief ein- und lange ausatmest. (Pause)

Yoga Nidra ist nun beendet. (Pause)

Wackle mit deinen Fingern und Zehen. Spüre die Energie wie elektrische Funken im Körper. (Pause)

Dehne oder bewege deinen Körper nach Belieben. Spüre, wie die Energie durch jeden Körperteil fließt, während du dich bewegst. (Pause)

Falls du liegst, drehe dich auf die rechte Seite, wenn du bereit bist.

Atme ein paar Mal tief durch und wiederhole in Gedanken deinen Sankalpa oder „Ich bin energiegeladen und voller Leben" noch einmal. Spüre, wie es dein ganzes Wesen ausfüllt. (Pause)

Falls du gelegen hast, richte dich zum Sitzen auf. Wenn du kannst, halte deine Augen geschlossen.

Nimm dir so viel Zeit, wie du brauchst. (lange Pause)

Setz dich auf, mach den Rücken so gerade wie möglich, der Scheitel hebt sich zur Decke.

Atme ein paar Mal tief ein und spüre, wie die Energie aufsteigt. (Pause)

Und schließlich, wenn du bereit bist, öffne sanft und langsam deine Augen.

Komm zurück in den Raum, zurück in deinen Tag, erfrischt, voller Leben und in Frieden.

Mit sanft fokussiertem Blick machst du ein paar Atemzüge und nimmst den Raum um dich herum und dich selbst aufmerksam wahr. (Pause)

Schließe noch einmal die Augen. Zum Abschluss chanten wir jeweils dreimal Om und Shanti. Om ist eine universelle Schwingung. Shanti bedeutet Frieden.

Spüre, wie die Energie in dir aufsteigt, während du chantest.

Om Om Om Shanti Shanti Shanti (Pause)

Öffne langsam wieder deine Augen und nimm dieses friedvoll energiegeladene Gefühl mit dir.

Regenbogenlicht (30 Min.)

Reise zu einem heiligen, leuchtenden Regenbogen und bade in seinem Licht.

Vorschläge für die Praxis sowie einleitende und abschließende Übungen:

- Diese Übung setzt voraus, dass deine Übenden mit dem Konzept von Sankalpa vertraut sind. Beginne mit einer kurzen Erklärung von Sankalpa oder der geführten Sankalpa-Entdeckung, wenn du Menschen anleitest, die mit Sankalpa noch nicht vertraut sind.

- Vorbereitung oder Abschluss mit Anjali Mudra, um Gefühle der Demut und Verbundenheit zu wecken.

- Vorbereitung oder Abschluss mit einem Shanti Mantra wie
    Sarvesham svastir bhavatu
    Sarvesham shantir bhavatu
    Sarvesham purnam bhavatu
    Sarvesham mangalam bhavatu
    (*Möge Wohlstand für alle sein, möge Frieden für alle sein, möge Fülle für alle sein, möge Glückseligkeit für alle sein.*)

Sich achtsam einrichten und zur Ruhe kommen

Mach dich bereit für Yoga Nidra.

Dies ist deine Zeit, um dich auszuruhen, dich zu verbinden, zu entdecken oder was auch immer du aus dieser Übung mitnehmen möchtest.

Baue dir ein bequemes Ruhe-Nest, wie auch immer das aussehen mag.

Du kannst dich in Savasana auf den Rücken legen, dich auf die Seite legen oder aufrecht sitzen, vielleicht unterstützt.

Was auch immer für dich am besten ist, erlaube dir, es zu tun.

Vielleicht hast du ein Kissen unterm Kopf, eine Decke über dir, flauschige Socken – was auch immer dir hilft, dich richtig wohlzufühlen. (Pause)

Mach es dir so bequem wie möglich, damit du dich voll und ganz gehalten fühlst und Verspannungen lösen kannst.

Wenn du möchtest, kannst du deine Augen mit einem leichten Augenkissen oder Schal bedecken.

Wenn du im Liegen Verspannungen im Rücken spürst, lege ein Kissen, eine zusammengerollte Decke oder eine Nackenrolle unter deine Knie.

Tu alles, was du tun musst, um es dir so richtig bequem zu machen.

Nimm alle Veränderungen vor, die dir helfen. (lange Pause)

Nimm jetzt letzte Veränderungen vor, um dich rundum wohlzufühlen. (Pause)

Spüre, wie dein Körper in den Halt unter dir sinkt.

Der Körper wird vollständig gehalten und fällt mühelos in einen Zustand des Friedens.

Lass dich in einen Zustand des Nicht-Tuns fallen. (Pause)

Es ist nichts zu tun.

Lass das *Tun* los.

Wechsle ins *Sein*.

Spüre, wie dein Körper Verspannungen löst, während du ihm die süße Erlaubnis gibst, nichts zu tun. (Pause)

Spüre, wie dein Körper die Gelegenheit zum Nichtstun mit einem wohligen Seufzen quittiert. (Pause)

Las das *Tun* los.

Wechsle ins *Sein*.(Pause)

Dies ist die Gelegenheit, auf die dein Körper gewartet hat.

Die Gelegenheit, sich zu entspannen und zu erneuern, in einem Zustand völliger Leichtigkeit.

Nimm wahr, wie dein Körper die Verspannung in den Schultern löst. (Pause)

Lass die Verspannung im Rücken los. (Pause)

Lass die Verspannung in den Armen los. (Pause)

In den Beinen. (Pause)

Im Gesicht. (Pause)

Dein Körper lässt alle Verspannungen vollständig los. (Pause)

Dein Körper ist ruhig und entspannt.

Mühelose Bewusstheit dieses friedvollen Zustands des *Nicht-Tuns*. (Pause)

Erlaube deinem Bewusstsein, sich jetzt auf den Klang deines Atems zu konzentrieren. (Pause)

Lausche aufmerksam diesem sanften Geräusch deines Körpers, der ganz von selbst atmet. (Pause)

Spüre die Stille deines Körpers. Dein Körper kann sich jederzeit bewegen, wenn du es brauchst, aber wenn du es nicht brauchst, tauche in den Frieden der Stille ein. (Pause)

Dein Körper ruht, während deine Bewusstheit sich bewegt und erforscht.

Wach.

Achtsam.

Mühelos. (Pause)

Willkommen zu Yoga Nidra. (Pause)

Sankalpa

Wenn du nun einen Sankalpa, einen tiefempfundenen Entschluss, fassen möchtest, lass ihn in deiner Bewusstheit aufsteigen.

Erlaube dem Gefühl deines Sankalpas, aufzusteigen. (Pause)

Nimm mit allen Sinnen wahr, wie sich dein Sankalpa manifestiert. (Pause)

Spüre energetisch, wie sich dein Sankalpa manifestiert. (Pause)

Und nun wiederhole deinen Sankalpa innerlich, dreimal, mit absoluter Gewissheit und Gefühl. (Pause)

Fühle mit Gewissheit, dass dein Sankalpa empfangen worden ist. Es gibt nichts, was du tun musst. Dein Sankalpa wird bereits manifestiert.

Kreisen der Wahrnehmung im Körper

Bewege nun deine Wahrnehmung in deinem Körper.

Erlebe sie energetisch und nicht physisch.

Ich werde mehrere Punkte nennen.

Energetische Bahnen verbinden sie.

Erlaube deiner Wahrnehmung, sich ungehindert von einem Punkt zum nächsten zu bewegen. Du brauchst dich nicht zu konzentrieren. Du bewegst einfach nur deine Aufmerksamkeit.

Wenn Empfindungen oder Erfahrungen auftauchen, nimm sie einfach zur Kenntnis und mach weiter.

Beginne mit der mühelosen Wahrnehmung des Punktes zwischen deinen Augenbrauen.

Mühelose Wahrnehmung des Punktes zwischen den Augenbrauen.

Halsgrube

Deine Wahrnehmung bewegt sich ungehindert und zügig.

Rechtes Schultergelenk

Ellbogengelenk

Handgelenk

Rechter Daumen

Spitze des Zeigefingers

Spitze des Mittelfingers

Spitze des Ringfingers

Spitze des kleinen Fingers

Energetisch wahrnehmen.

Rechtes Handgelenk

Ellbogengelenk

Schultergelenk

Halsgrube

Hinüber zum linken Schultergelenk.

Ellbogengelenk

Handgelenk

Linker Daumen

Spitze des Zeigefingers

Spitze des Mittelfingers

Spitze des Ringfingers

Spitze des kleinen Fingers

Zurück zum linken Handgelenk.

Ellbogengelenk

Schultergelenk

Halsgrube

Herzzentrum

Rechte Seite des Brustkorbs

Herzzentrum

Linke Seite des Brustkorbs

Herzzentrum

Nabelzentrum

Spitze des Steißbeins

Rechtes Hüftgelenk

Rechtes Kniegelenk

Fußgelenk

Rechter großer Zeh

Spitze des zweiten Zehs

Spitze des dritten Zehs

Spitze des vierten Zehs

Spitze des kleinen Zehs

Zurück zum rechten Fußgelenk.

Kniegelenk

Hüftgelenk

Spitze des Steißbeins

Wahrnehmung zum linken Hüftgelenk leiten.

Linkes Kniegelenk

Fußgelenk

Linker großer Zeh

Spitze des zweiten Zehs

Spitze des dritten Zehs

Spitze des vierten Zehs

Spitze des kleinen Zehs

Zurück zum linken Fußgelenk.

Kniegelenk

Hüftgelenk

Spitze des Steißbeins

Nabelzentrum

Herzzentrum

Halsgrube

Augenbrauenzentrum (Pause)

Erfahre die gesamte rechte Seite, vom Scheitel bis zu den Zehenspitzen und von den Zehenspitzen bis zum Scheitel.

Jetzt die ganze linke Seite, vom Scheitel bis zu den Zehenspitzen und von den Zehenspitzen bis zum Scheitel.

Und jetzt den ganzen Körper auf einmal.

Den ganzen Körper auf einmal.

Den ganzen Körper auf einmal.

Ein Feld der energetischen Empfindung.

Ein Feld des Seins. (Pause)

Atembeobachtung

Nimm dieses Feld des Seins wahr, oder den ganzen Körper, atmend.

Das ganze Selbst, atmend. (lange Pause)

Einatmen, kosmische Energie aufnehmen.

Ausatmen, Anspannungen loslassen.

Energie einatmen.

Müdigkeit ausatmen.

Und wenn es sich gut anfühlt, atme Licht ein – strahlend und energiespendend.

Atme alles aus, was du loslassen musst, wie dunklen Rauch, der dein Wesen verlässt.

Strahlendes Licht einatmen.

Alles ausatmen, was du loslassen möchtest, wie dunklen Rauch, der sich sofort auflöst.

Wir nehmen uns jetzt eine Minute Zeit zum Atmen. Atme einfach nur.

Wenn du magst, kannst du weiter Licht einatmen und dunklen Rauch ausatmen oder zur normalen Atmung zurückkehren. (30 Sekunden Pause)

Symbole/Fantasiereise

Und nun stell dir vor, wie du dich an einem warmen, ganz privaten Sandstrand ausruhst. (Pause)

Wellen plätschern gegen das Ufer und schaffen eine ruhige Umgebung zum Ausruhen und Nachdenken. (Pause)

Du wirst eine heilige Pilgerreise zu einem heilenden Wasserfall unternehmen. (Pause)

Sieh zu, wie sich dein Energiekörper aus deinem physischen Körper erhebt. Der Energiekörper trennt sich vom physischen Körper und ist bereit, diese heilige Pilgerreise anzutreten.

In deinem Energiekörper bist du völlig frei. Du kannst dich ganz nach Belieben bewegen. (Pause)

Während du in den klaren blauen Himmel fliegst, siehst du deinen physischen Körper sicher und friedlich unter dir ruhen, an diesem wunderschönen Privatstrand.

Fliege über den üppig grünen Dschungel. Nimm die Palmen wahr, die bunten Vögel und die vielen tropischen Früchte. (Pause)

In der Ferne siehst du einen dahinfließenden Fluss.

Du fliegst zum Fluss und folgst ihm, während er sich durch eine Felsenkette schlängelt. (Pause)

Du fliegst nah an das Wasser des sanft fließenden Flusses heran – das Wasser ist kristallklar und du siehst eine Fülle von Pflanzen, die unter der Wasseroberfläche wachsen, glänzende Fische mit kräftigen Streifen, die im Schilf spielen, und glatte Steine in vielen Schattierungen. (Pause)

Du bemerkst, dass das Rauschen des Flusses viel lauter wird.

Du blickst auf und siehst, dass der Fluss vor dir über eine Klippe abfällt.

Du fliegst über die Klippe und schaust hinter dich.

Du bist am heiligen Wasserfall angekommen.

Er ist atemberaubend. Kristallklares Wasser fällt über graues Gestein und ein riesiger, leuchtender Regenbogen bildet sich dort. (Pause)

Du fliegst zum Fuße des Regenbogens. Dort gibt es einen glatten Stein, auf dem du stehen kannst, und nur einen schwachen Wasserstrahl – gerade genug, um sich in dieser tropischen Umgebung wohlzufühlen. (Pause)

Du stehst jetzt in diesem lebendigen, leuchtenden Regenbogen. (Pause)

Alle Farben werden auf dir abgebildet. Du badest in strahlendem Licht in jeder Farbe. (Pause)

Strahlende Energie. (Pause)

Eine Farbe zieht deine Aufmerksamkeit besonders auf sich. (Pause)

Du bemerkst das und spürst, dass diese Farbe eine heilende Gabe für dich bereithält. (Pause)

Du weißt vielleicht nicht, was diese Gabe ist, aber in diesem Moment weißt du, dass du nicht darüber nachdenken musst. Du kannst einfach das Licht und die Leuchtkraft des Regenbogens genießen, während dein Wesen alles aufnimmt, was es braucht. (Pause)

Dein Wesen weiß genau, was es tun muss. Dein Wesen weiß genau, warum es die Energie dieser Farbe gerade jetzt braucht.

Du verweilst einige Momente lang im Glanze dieses Regenbogens, gelassen und glückselig. Du nimmst von diesem bunten Licht alles auf, was du brauchst, ohne zu denken, nur mit dem Gefühl. (lange Pause)

Sankalpa

Lass in diesem leuchtenden Regenbogen deinen Sankalpa in deinem Bewusstsein entstehen.

Erlaube dem mit deinem Sankalpa verbundenen Gefühl, aufzusteigen. (Pause)

Wiederhole deinen Sankalpa innerlich, dreimal, mit Gefühl und Gewissheit. (Pause)

Erkenne, dass alles, was du brauchst, hier ist, in dir.

Dein Sankalpa wird bereits manifestiert.

Du bedankst dich für deine Erfahrung in diesem Regenbogenlicht und bereitest dich darauf vor, zum Privatstrand zurückzufliegen. (Pause)

Du hebst von dem glatten grauen Felsen ab, fliegst auf die Spitze der Klippe und fliegst dann zurück, wieder dem klaren, fließenden Fluss folgend. (Pause)

Über dem Dschungel siehst du wieder die leuchtend grünen Bäume, die Früchte, die Vögel.

Als du wieder über dem Strand ankommst, siehst du deinen Körper gelassen ruhen. (Pause)

Du kehrst in deinen physischen Körper zurück.

Wieder im physischen Körper, integrierst du die Erfahrung deines Energiekörpers mit deinem physischen Körper. (Ruhe)

Abschluss – Aufmerksamkeit mehr und mehr nach außen richten

Richte deine Aufmerksamkeit auf dein Herzzentrum.

Nimm wahr, wie sich dein Brustkorb mit jedem Atemzug hebt und senkt. (Pause)

Achte auf den Klang deines Atems. (Pause)

Yoga Nidra ist nun beendet. (Pause)

Nimm jetzt ein paar tiefe Atemzüge und spüre, wie das Gefühl in deinen Körper zurückkehrt. (Pause)

Bewege deine Finger und Zehen und spüre, wie die Energie wie ein elektrischer Strom in deinen Körper zurückkehrt.

Dehne oder bewege deinen Körper nach Belieben. Spüre, wie die Energie durch jeden Körperteil fließt, während du dich bewegst. (Pause)

Falls du liegst, roll dich auf deine rechte Seite, wenn du bereit bist.

Atme ein paar Mal tief durch und wiederhole innerlich noch einmal deinen Sankalpa. (Pause) Spüre, wie er dein ganzes Wesen erfüllt. (Pause)

Erinnere dich an deine Erfahrung im Licht des Regenbogens. Was möchtest du aus deiner heutigen Erfahrung mitnehmen? (Pause)

Falls du liegst, richte dich zum Sitzen auf.

Halte deine Augen geschlossen, wenn du kannst.

Nimm dir so viel Zeit, wie du brauchst. (Pause)

Sitze aufrecht, Rücken so gerade wie möglich, Scheitel hebt sich zur Decke hin.

Atme ein paar Mal tief ein und spüre, wie die Energie aufsteigt. (3 Atemzüge Pause)

Und schließlich, wenn du bereit bist, öffne sanft und langsam deine Augen.

Bringe deine Bewusstheit zurück in den Raum, zurück in deinen Tag, erfrischt und in Frieden.

Mach ein paar Atemzüge mit sanft fokussiertem Blick und nimm den Raum um dich herum und dich selbst darin wahr. (Pause)

Schließe noch einmal die Augen. Zum Abschluss chanten wir jeweils dreimal Om und Shanti.

Spüre, wie die Energie in dir aufsteigt, während du chantest.

Om Om Om Shanti Shanti Shanti (Pause)

Öffne sanft deine Augen und nimm alle positiven Erfahrungen aus deiner heutigen Praxis mit dir in den Raum und in den Rest deines Tages.

Befreiung (30 Min.)

Hältst du an etwas fest, was dich zurückhält? Schau nach innen und lass los, was dir nicht mehr dient, damit du in Freiheit voranschreiten kannst.

Vorschläge für die Praxis sowie einleitende und abschließende Übungen:

- Beginne mit einer sanften Bewegungssequenz, um Steifheit aus den Gelenken zu lösen.
- Beginne oder beende die Übung mit Abhaya Mudra für Furchtlosigkeit und Offenheit.

Sich achtsam einrichten und zur Ruhe kommen

Mach es dir bequem für Yoga Nidra, den yogischen Schlaf mit Elementen von Bewusstheit.

Bereite dich vor auf die Erfahrung des Loslassens und die daraus entstehende Freiheit.

Lege dich auf den Rücken oder, wenn das nicht bequem ist, auf die Seite oder sitze aufrecht und unterstützt.

Vielleicht baust du dir ein gemütliches Nest mit Kissen, Decken, Nackenrollen, Augenkissen – was auch immer dein Körper braucht, um sich in diesem Moment so wohl wie möglich zu fühlen. (lange Pause, um zur Ruhe zu kommen)

Lass alles los, was du glaubst, tun zu müssen.

Es gibt im Moment nichts zu tun.

Gehe mit Leichtigkeit vom *Tun* zum *Sein* über. (Pause)

Diese Zeit ist nur für dich.

Diese Übung ist nur für dich.

Es gibt kein „*Sollen*" oder „*Nicht-Sollen*".

Du kannst es auf gar keinen Fall falsch machen.

Also mach es dir so bequem, wie du willst, ganz nach Belieben.

Passe alles an, was du willst. Ganz so, wie du es magst.

Horche in dich hinein, um herauszufinden, was du brauchst. Und dann erfülle dir diese Bitte.

Vielleicht möchtest du viele Kissen, Decken und Requisiten, vielleicht nur ein paar, vielleicht auch gar keine. Alles ist gleichermaßen willkommen.

Tu, was du tun musst, um dich unterstützt, gehalten und frei zu fühlen, um Anspannungen loszulassen.

Mach es dir bequem für diese Praxis des *Nicht-Handelns*. (Pause)

Überprüfe, ob deine Kleidung, dein Schmuck oder irgendetwas anderes dich ablenken könnte.

Wenn du irgendetwas verändern möchtest, tu es jetzt. (Pause)

Atme tief ein ... und lass beim Ausatmen jede Anspannung los.

Überprüfe jetzt, ob jeder Körperteil so entspannt ist, wie er nur sein kann. Wenn du dich nicht vollständig entspannen kannst, ist das auch in Ordnung. Du bist willkommen, so wie du bist.

Überprüfe, ob deine Füße und Knöchel so entspannt sind, wie es nur geht. (Pause)

Waden, Knie und Oberschenkel sind so entspannt wie möglich. (Pause)

Hüften sind so entspannt wie möglich. (Pause)

Unterer Rücken, mittlerer Rücken, oberer Rücken, Verspannungen lösen sich. Ganzer Rücken schmilzt. (Pause)

Hände und Arme lassen los. (Pause)

Schultern und Nacken schmelzen, Verspannungen lösen sich auf. (Pause)

Kiefer, Zunge und Wangen werden weicher. (Pause)

Augen, Stirn und Kopfhaut werden weicher. (Pause)

Dein ganzer Körper verschmilzt mit der Fläche unter dir. Du wirst gehalten von der Fläche unter dir. (Pause)

Atme tief ein … und lass beim Ausatmen alle verbleibenden Verspannungen los.

Lass alle Gedanken los, alles, was du tun musst. *Sei* einfach nur.

Dies ist deine Zeit für dich selbst.

Keine Tagesordnung. Nur Frieden. (Pause)

Nimm letzte Veränderungen vor, falls nötig.

Beginne, die Stille zu spüren. Sei dir bewusst, dass du dich jederzeit bewegen kannst, aber genieße die Sanftheit dieser Stille. Dieses einfache *Sein*.

So einfach und doch so frei. Alles ist für dich da in dieser Stille. (Pause)

Empfange diese Worte mühelos.

Du musst *nichts* tun.

Mühelose Bewusstheit. (Pause)

Willkommen zu Yoga Nidra. (Pause)

Kreisen der Wahrnehmung im Körper

Lenke deine mühelose Wahrnehmung nun von Punkt zu Punkt um deinen Körper herum.

Verlagere deine Wahrnehmung ungehindert und bleibe dabei ungebunden.

Es gibt nichts, was du erreichen oder erleben musst.

Es gibt keine Möglichkeit, es falsch zu machen.

Bewege einfach deine Wahrnehmung, ungehindert und ungebunden.

Beginne damit, die rechte Seite deines Körpers wahrzunehmen.

Nimm die rechte Hand wahr.

Rechter Daumen der rechten Hand

Zeigefinger

Mittelfinger

Ringfinger

Kleiner Finger

Handfläche

Handrücken

Mühelos

Rechtes Handgelenk

Unterarm

Ellbogen

Oberarm

Schulter

Achselhöhle

Rechte Seite der Rippen

Rechte Seite der Taille

Rechte Hüfte

Oberschenkel

Knie

Unterschenkel

Knöchel

Ferse

Fußsohle

Fußrücken

Rechter großer Zeh

Zweiter Zeh

Dritter Zeh

Vierter Zeh

Fünfter Zeh

Wach und achtsam

Lenke deine Wahrnehmung zur linken Seite deines Körpers.

Nimm die linke Hand wahr.

Linker Daumen der linken Hand

Zeigefinger

Mittelfinger

Ringfinger

Kleiner Finger

Handfläche

Handrücken

Linkes Handgelenk

Unterarm

Ellbogen

Oberarm

Schulter

Achselhöhle

Linke Seite der Rippen

Linke Seite der Taille

Linke Hüfte

Oberschenkel

Knie

Unterschenkel

Knöchel

Ferse

Fußsohle

Fußrücken

Linker großer Zeh

Zweiter Zeh

Dritter Zeh

Vierter Zeh

Fünfter Zeh

Wach und achtsam

Lenke deine Wahrnehmung zum Scheitel deines Kopfes.

Scheitel des Kopfes

Stirn

Rechte Schläfe

Linke Schläfe

Rechte Augenbraue

Linke Augenbraue

Augenbrauenzentrum

Wahrnehmung lenken

Rechtes Auge

Linkes Auge

Rechtes Ohr

Linkes Ohr

Rechte Wange

Linke Wange

Rechtes Nasenloch

Linkes Nasenloch

Oberlippe

Unterlippe

Kinn

Kehlkopfzentrum

Rechtes Schlüsselbein

Linkes Schlüsselbein

Rechte Seite des Brustkorbs

Linke Seite des Brustkorbs

Herzzentrum

Nabel

Becken

Lenke deine Wahrnehmung zur Rückseite deines Körpers.

Rechte Pobacke

Linke Pobacke

Unterer Rücken

Mittlerer Rücken

Oberer Rücken

Rechtes Schulterblatt

Linkes Schulterblatt

Rückseite des Halses

Hinterer Teil des Kopfes

Scheitel des Kopfes

Lenke dein Bewusstsein hinunter zum ganzen rechten Bein

Ganzes linkes Bein

Beide Beine auf einmal

Ganzer Torso

Ganzer rechter Arm

Ganzer linker Arm

Hals

Kopf

Ganze Vorderseite des Körpers

Ganze Rückseite des Körpers

Nimm den ganzen Körper auf einmal wahr.

Den ganzen Körper auf einmal.

Den ganzen Körper auf einmal. (lange Pause)

Atembeobachtung/Innere Bilder

Nimm dieses Feld des Seins wahr, oder den ganzen Körper, der atmet.

Das ganze Selbst, das atmet. (Pause)

Atme den Frieden des einfachen Seins ein.

Ausatmen, alle Anspannung loslassen.

Einatmen, den Frieden des einfachen Seins.

Und ausatmen, allen Stress und alle Anspannung loslassen.

Noch einmal: Einatmen, den Frieden des einfachen Seins.

Und ausatmen, allen Stress und alle Anspannung loslassen.

Nun atme die kosmische Energie um dich herum ein.

Und atme aus und lasse jede Müdigkeit in Körper, Geist und Seele los.

Atme die lebendige Energie ein.

Und atme jegliche Müdigkeit aus.

Noch einmal: Atme lebendige Energie ein.

Und atme jegliche verbleibende Müdigkeit aus.

Atme jetzt Positivität ein.

Atme aus und lass alles Negative los.

Atme freudige Positivität ein.

Und atme alles Negative aus.

Noch einmal: Atme Positivität ein, voller Freude.

Und atme alles verbleibende Negative aus.

Und wenn es sich jetzt gut anfühlt, atme Licht ein – strahlend und energiespendend.

Und wenn du ausatmest, lass alles los, was du loslassen musst, wie dunklen Rauch, der dein Wesen verlässt.

Atme strahlendes, energiespendendes Licht ein.

Atme dunklen Rauch aus, der sich sofort auflöst.

Atme strahlendes, energiereiches Licht ein, das dein Wesen erfüllt.

Atme alles aus, was du loslassen möchtest, wie dunklen Rauch, der sich sofort auflöst.

Atme auf diese Weise weiter – nimm positives, strahlendes Licht und Energie auf und atme alles aus, was du loslassen möchtest, alles, was dich zurückhält, alles, was dir nicht mehr dient.

Spüre, wie die Leichtigkeit zunimmt, je mehr du loslässt.

Deine Offenheit nimmt zu, dein persönliches Potenzial wächst.

Mit jedem Ausatmen des Loslassens wächst die Freiheit.

Jedes Loslassen bringt dir mehr Freiheit, Frieden und Freude.

Atme auf diese Weise mehrere Atemzüge lang weiter. Atme strahlende Energie ein und atme alles aus, was du loslassen möchtest, wie dunklen Rauch, der sich sofort auflöst. (1 Minute Pause)

Und jetzt lass den visualisierten Atem los.

Loslassen und zur normalen Atmung zurückkehren.

Normale Atmung.

Mühelose Atmung.

Der Körper atmet von selbst, friedvoll.

Du musst nichts tun.

Ruhe dich einfach aus.

Ruhe die nächsten paar Minuten in dem freudigen Gefühl von Leichtigkeit, innerem Frieden und Freiheit.

(3 Minuten Pause)

Abschluss – Aufmerksamkeit mehr und mehr nach außen richten

Nimm wieder deinen natürlichen Atem wahr.

Nimm deinen natürlichen Atem wahr.

Beobachte, wie sich dein Brustkorb beim Einatmen hebt und beim Ausatmen senkt. (Pause)

Nimm wahr, wie sich die Nasenlöcher beim Einatmen sanft zusammenziehen und beim Ausatmen ausdehnen. (Pause)

Bringe deine Wahrnehmung zurück in die Erfahrung deines physischen Körpers.

Sei dir bewusst, dass die Übung von Yoga Nidra zu Ende geht.

Richte deinen Geist nach außen.

Sei dir bewusst, dass dein Körper ruht und du Yoga Nidra übst.

Sei dir bewusst, dass du dich in einem Raum ausruhst.

Halte deine Augen geschlossen und stelle dir den Raum vor, in dem du dich befindest.

Sieh die Wände vor dir. Den Boden. Die Gegenstände im Raum. Ihre Platzierung, Farbe, Beschaffenheit.

Richte deine Wahrnehmung nach außen.

Nimm die Empfindungen deines physischen Körpers wahr – das Gefühl deines Körpers auf der Fläche unter dir. (Pause)

Das Gefühl des Stoffes auf deiner Haut. (Pause)

Die Temperatur der Luft, die deine Haut berührt. (Pause)

Richte deine Wahrnehmung nach außen. (Pause)

Yoga Nidra ist nun beendet. (Pause)

Beginne wieder mit Bewegungen im Körper. Wackle mit den Fingern, wackle mit den Zehen.

Mach jede sanfte Bewegung mit deinem Körper, die sich gut anfühlt. (Pause)

Mach nun größere Bewegungen – bewege deine Füße, Beine, Hände, Arme, bewege alle Körperteile, die sich danach sehnen. Falls du liegst, roll dich auf deine rechte Seite, wenn du bereit bist.

Nimm ein paar tiefe Atemzüge und integriere deine Yoga Nidra-Erfahrung in deine Alltagserfahrung. (Pause)

Erinnere dich an jedes Gefühl der Befreiung. Jedes Gefühl von mehr Leichtigkeit, Frieden, Freude, Potenzial. (Pause)

Falls du liegst, kannst du dich, wenn du bereit bist, mit geschlossenen Augen langsam zum Sitzen aufrichten, wenn es sich gut anfühlt. (Pause)

Nimm dir Zeit, es gibt keinen Grund zur Eile.

Setz dich bequem hin, den Rücken so gerade wie möglich.

Atme tief ein ... und lange aus.

Vielleicht merkst du, wie die Energie steigt, weil du jetzt aufrecht sitzt.

Zum Schluss chanten wir Om und Shanti, jeweils dreimal.

Om Om Om Shanti Shanti Shanti (Pause)

Und nun öffne langsam und sanft deine Augen, wenn du bereit bist.

Willkommen zurück – vielleicht mit ein bisschen mehr Freiheit oder Leichtigkeit als vorher.

Erdung – Verschiebung von Rajas zu Sattva (30 Min.)

Verschiebe deine Achtsamkeit von einem überaktiven Geist zurück in den Körper, bringe deine Energien ins Gleichgewicht und verbinde dich mit dem erdenden Element der Erde und der Struktur.

<u>Vorschläge für die Praxis sowie einleitende und abschließende Übungen:</u>

- Dies ist eine großartige Übung für alle, die sich überarbeitet, überlastet, gestresst oder wie auf einer Achterbahn der Geschäftigkeit/Erschöpfung fühlen.

- Beginne mit einer Yoga-Asana, die in den unteren Chakren verwurzelt ist. Zum Beispiel mit einer Abfolge von Nackendehnungen, Schulterrollen, Vorwärtsbeugen, Drehungen und Seitwärtsbeugen im Sitzen. Makarasana (Krokodilstellung) ist ebenfalls sehr erdend, einschließlich der regenerativen Yoga-Version von Makarasana.

- Vorbereitung oder Abschluss mit ein paar Minuten Bhu Mudra oder Prithvi Mudra zur Verbindung mit der elementaren Energie der Erde

- Vorbereitung oder Abschluss mit einem Shanti Mantra wie

  Sarvesham svastir bhavatu

  Sarvesham shantir bhavatu

  Sarvesham purnam bhavatu

Sarvesham mangalam bhavatu

(*Möge Wohlstand für alle sein, möge Frieden für alle sein, möge Fülle für alle sein, möge Glückseligkeit für alle sein.*)

Sich achtsam einrichten und zur Ruhe kommen

Leg dich bequem hin – auf deinen Rücken, deine Seite oder deinen Bauch. Oder sitze aufrecht, unterstützt.

Jede Position ist gut. Gestreckt, eingerollt, es spielt keine Rolle.

Höre auf deinen Körper und wähle die Position, die dir in diesem Moment für diese Übung der Erdung am besten passt. (Pause)

Bereite dich auf diese erdende Yoga Nidra-Übung vor.

Lege ein Kissen oder eine Decke als Polster unter deinen Kopf. Deck dich mit einer Decke zu, wenn es dir hilft, dich geerdet zu fühlen. Oder vielleicht mit zwei Decken. (Pause)

Vielleicht möchtest du ein Nackenrolle oder eine Decke *umarmen*. (Pause)

Wenn du auf dem Bauch liegst, möchtest du vielleicht das Gewicht einer gefalteten Decke auf deinem Rücken spüren. (Pause)

Vielleicht ein Augenkissen, um deine Augen zu beruhigen. (Pause)

Höre einfach in dich hinein und folge dem Ruf.

Worum bittet dein Körper in diesem Moment? (Pause)

Stütze und positioniere dich so, wie du es genau jetzt möchtest. (lange Pause)

Während dieser Übung kannst du deinen Körper jederzeit bewegen, aber mach es dir so bequem, dass du dich nicht bewegen willst. (Pause)

Überprüfe, ob alles ist, wie es sein soll. (Pause)

Ob deine Füße es bequem haben. (Pause)

Beine (Pause)

Hüften (Pause)

Ganzer Rücken (Pause)

Arme und Hände (Pause)

Schultern (Pause)

Nacken (Pause)

Kiefer, Zunge, Stirn (Pause)

Mach es deinem ganzen Körper so bequem wie möglich. (Pause)

Spüre die Unterstützung der Fläche unter dir. Lass dich von ihr halten, während du dich ganz der Schwerkraft überlässt. (Pause)

Lass dich halten.

Erlaube deinem Körper, in den Boden unter dir zu sinken.

Zur Ruhe kommen im Boden. (Pause)

Vom Boden gehalten. Bedingungslos. Ohne Erwartung. (Pause)

Nichts wird von dir erwartet. Es gibt nichts zu tun. (Pause)

Atme tief ein ... und wenn du ausatmest, lass alles los, was du glaubst, jetzt tun zu müssen. (Pause)

Es gibt nichts, was du tun musst. Nichts, worüber du nachdenken musst. Schieb alles beiseite. (Pause)

Dein Körper kommt zur Ruhe. (Pause)

Deine Aufmerksamkeit richtet sich nach innen. (Pause)

Atme ein und fühle dich in diesem Moment gegenwärtig.

Atme aus und lass alles los, was außerhalb dieses Augenblicks liegt.

Atme ein und fühle dich in diesem Moment gegenwärtig.

Atme aus und lass alles los, was außerhalb von hier und jetzt ist. (Pause)

Erlaube deinem Hörsinn, sich auszudehnen und Geräusche zu empfangen, aber ohne sie zu analysieren. Empfange einfach objektiv, wie ein Mikrofon. Empfange alle Geräusche. (Pause)

Die entferntesten Geräusche (Pause)

Nahe Geräusche (Pause)

Vielleicht sogar die Geräusche in deinem eigenen Körper. Das Geräusch deines eigenen Atems. (Pause)

Nimm deinen Körper wahr. Nimm deinen ganzen Körper wahr, vom Scheitel bis zu den Zehen und von den Zehen bis zum Scheitel.

Sei dir bewusst, dass dein Körper bequem ruht. (Pause)

Spüre die Stille in deinem Körper.

Wenn du dich zu irgendeinem Zeitpunkt bewegen musst, dann bewege dich.

Ansonsten kannst du es dir in der Bequemlichkeit, die du dir geschaffen hast, gemütlich machen.

Es steht dir frei, dich in deinem bequemen Ruhenest niederzulassen. (Pause)

Du bist frei, nichts zu tun. (Pause)

Absoluter Komfort.

Ganz wie du es magst.

Nur für dich.

Mühelos. (Pause)

Willkommen zu Yoga Nidra. (Pause)

Kreisen der Wahrnehmung im Körper

Nun lenke dein Bewusstsein in deinen Körper – bis tief in die Knochen.

Mach eine mühelose Reise durch den Körper, von Punkt zu Punkt.

Lenke deine Wahrnehmung ungehindert von einem Punkt zum nächsten.

Bleib nicht an einem Punkt hängen.

Du musst dich nicht konzentrieren, nicht denken, nicht analysieren.

Es gibt keine Möglichkeit, es falsch zu machen. (Pause)

Lenke deine Wahrnehmung einfach schnell und ungehindert weiter.

Beginne damit, die rechte Seite deines Körpers wahrzunehmen.

Nimm die rechte Hand wahr.

Rechter Daumen der rechten Hand

Zeigefinger

Mittelfinger

Ringfinger

Kleiner Finger

Handfläche

Handrücken

Mühelos

Rechtes Handgelenk

Unterarm

Ellbogen

Oberarm

Schulter

Achselhöhle

Rechte Seite der Rippen

Rechte Seite der Taille

Hüfte

Oberschenkel

Knie

Unterschenkel

Knöchel

Ferse

Fußsohle

Fußrücken

Rechter großer Zeh

Zweiter Zeh

Dritter Zeh

Vierter Zeh

Fünfter Zeh

Wach und aufmerksam

Lenke deine Wahrnehmung zur linken Seite.

Werde dir deiner linken Hand bewusst.

Daumen der linken Hand

Zeigefinger

Mittelfinger

Ringfinger

Kleiner Finger

Handfläche

Handrücken

Linkes Handgelenk

Unterarm

Ellbogen

Oberarm

Schulter

Achselhöhle

Linke Seite der Rippen

Linke Seite der Taille

Hüfte

Oberschenkel

Knie

Unterschenkel

Knöchel

Ferse

Fußsohle

Fußrücken

Linker großer Zeh

Zweiter Zeh

Dritter Zeh

Vierter Zeh

Fünfter Zeh

Wachsam und bewusst.

Lenke deine Wahrnehmung zum Scheitel.

Scheitel

Stirn

Rechte Schläfe

Linke Schläfe

Rechte Augenbraue

Linke Augenbraue

Augenbrauenzentrum

Lenke deine Wahrnehmung.

Rechtes Auge

Linkes Auge

Rechtes Ohr

Linkes Ohr

Rechte Wange

Linke Wange

Rechtes Nasenloch

Linkes Nasenloch

Oberlippe

Unterlippe

Kinn

Kehlkopfzentrum

Rechtes Schlüsselbein

Linkes Schlüsselbein

Rechte Seite des Brustkorbs

Linke Seite des Brustkorbs

Herzzentrum

Nabel

Becken

Lenke deine Wahrnehmung zur Rückseite deines Körpers.

Rechte Pobacke

Linke Pobacke

Unterer Rücken

Mittlerer Rücken

Oberer Rücken

Rechtes Schulterblatt

Linkes Schulterblatt

Rückseite des Halses

Hinterkopf

Scheitel

Lenke deine Wahrnehmung nach unten zum ganzen rechten Bein.

Ganzes linkes Bein

Beide Beine auf einmal

Ganzer Torso

Ganzer rechter Arm

Ganzer linker Arm

Hals

Kopf

Ganze Vorderseite des Körpers

Ganze Rückseite des Körpers

Nimm den ganzen Körper auf einmal wahr.

Den ganzen Körper auf einmal.

Den ganzen Körper auf einmal. (lange Pause)

Atembeobachtung

Nimm jetzt den Atem in den Nasenlöchern wahr. Einfach so, wie er ist. Du brauchst nichts zu tun. Sei dir einfach des Atems bewusst. (Pause)

Nimm wahr, wie der Atem wie zwei Ströme durch die Nasenlöcher hereinströmt. (Pause)

Spüre, wie die Ströme am Boden der Nasenlöcher hereinströmen.

Und spüre, wie der Atem hinausströmt.

Ströme von Luft, die am Boden der Nasengänge hereinströmen.

Und Ströme von Luft, die hinausströmen.

Lenke deine Wahrnehmung zu deinem rechten Nasenloch.

Folge dem Einatmen durch dein rechtes Nasenloch und spüre beim Ausatmen, wie die Luft durch dein linkes hinausströmt.

Halte deine Wahrnehmung auf das linke Nasenloch gerichtet, während du einatmest, und spüre beim Ausatmen, wie der Atem durch das rechte Nasenloch hinausströmt.

Mentale Wechselatmung mit jeweils nur einem Nasenloch.

Nimm jetzt den Atem in den Nasenlöchern wahr. Einfach so, wie er ist. Du brauchst nichts zu tun. Sei dir einfach des Atems bewusst. (Pause)

Nimm wahr, wie der Atem wie zwei Ströme durch die Nasenlöcher hereinströmt. (Pause)

Spüre, wie die Ströme am Boden der Nasenlöcher hereinströmen.

Und spüre, wie der Atem hinausströmt.

Luftströme, die am Boden der Nasengänge hereinströmen.

Und Luftströme, die hinausströmen.

Lenke deine Wahrnehmung zu deinem rechten Nasenloch.

Folge dem Einatmen durch dein rechtes Nasenloch und spüre beim Ausatmen, wie die Luft durch dein linkes hinausströmt.

Halte deine Wahrnehmung auf das linke Nasenloch gerichtet, während du einatmest, und spüre beim Ausatmen, wie der Atem durch das rechte Nasenloch hinausströmt.

Mentale Wechselatmung mit jeweils nur einem Nasenloch.

Einatmen durch das rechte.

Ausatmen durch das linke.

Einatmen durch das linke.

Ausatmen durch das rechte.

Einatmen durch das rechte, zähle 1.

Ausatmen durch das linke, zähle 2.

Einatmen durch das linke, zähle 3.

Ausatmen durch das rechte, zähle 4.

Zähle weiter, bis 54.

Wenn du den Überblick verlierst, fang wieder an. (2 Minuten Pause) (Nach 1 Minute sagst du: „Wach und aufmerksam.")

Lass jetzt das Zählen los.

Lass das Zählen ganz los.

Es spielt keine Rolle, bis zu welcher Zahl du gekommen bist oder ob deine Gedanken abgeschweift sind.

Lass das Zählen einfach los. (Pause)

Symbole/Innere Bilder

Wende dich nun deiner inneren Weisheit zu.

Zapfe sie mühelos an.

Es gibt eine unendliche Quelle des Wissens in dir. (Pause)

Ich werde eine Reihe von Symbolen nennen.

Dein Geist könnte spontan Bilder projizieren – oder auch nicht.

Es gibt für dich nichts zu manifestieren, zu suchen oder nachzudenken.

Du musst nichts tun, gar nichts. (Pause)

Beobachte einfach nur. Als würdest du die Wolken am Himmel beobachten.

Bilder oder keine Bilder, es spielt keine Rolle.

Beobachte mit losgelöster Achtsamkeit. (Pause)

Eine grüne Wiese (3 Mal wiederholen)

Ein grauer Elefant (3 Mal wiederholen)

Schlammige Stiefel (3 Mal wiederholen)

Die Pyramiden (3 Mal wiederholen)

Ein moosbewachsener Felsen (3 Mal wiederholen)

Ein dampfender Becher (3 Mal wiederholen)

Dicke Baumwurzeln (3 Mal wiederholen)

Eine staubige Straße (3 Mal wiederholen)

Eine schwere Bettdecke (3 Mal wiederholen)

Sternenhimmel (3 Mal wiederholen)

(Pause)

Wenn dir spontan irgendwelche Einsichten kommen, nimm sie mit. Wenn nicht, ist das auch in Ordnung. Erkenne, dass diese Zeit nützlich war, um deine Kreativität und Intuition zu wecken. (Pause)

Abschluss – Aufmerksamkeit mehr und mehr nach außen richten

Nimm noch einmal deinen Atem wahr.

Nimm wahr, dass dein Körper atmet. (Pause)

Spüre, wie sich dein Bauch und dein Brustkorb mit jedem Atemzug heben und senken. (Pause)

Spüre das Gefühl des Atems durch die Nasenlöcher. (Pause)

Nimm wahr, wie dein Körper ruht – die Position deines Körpers … alle Hilfsmittel unter, auf oder um deinen Körper herum. (Pause)

Nimm die Struktur von Stoffen auf deiner Haut wahr. (Pause)

Nimm die Temperatur der Luft auf deiner Haut wahr. (Pause)

Nimm deinen physischen Körper wahr.

Richte deine Wahrnehmung nach außen.

Nimm Geräusche im Raum wahr. (Pause)

Nimm den Raum wahr, in dem du dich befindest – den Boden, die Wände, die Decke, die Gegenstände im Raum. (Pause)

Nimm den Raum wahr, in dem du dich befindest.

Nimm wahr, wie dein Körper bequem im Raum ruht.

Atme tief ein … und lenke deine Wahrnehmung zurück in deinen Körper und zurück in den Raum. (Pause)

Yoga Nidra ist nun beendet. (Pause)

Beginne, mit deinen Fingern und Zehen zu wackeln. (Pause)

Dehne und bewege deinen Körper nach Belieben. (Pause)

Falls du liegst, roll dich auf deine rechte Seite, wenn du bereit bist. (Pause)

Atme ein paar Mal tief durch. (Pause)

Falls du liegst, richte dich zum Sitzen auf. Halte deine Augen geschlossen, wenn du kannst. Nimm dir so viel Zeit, wie du brauchst. (Pause)

Setz dich auf, Rücken so gerade wie möglich, Scheitel hebt sich zur Decke.

Atme ein paar Mal tief ein und spüre, wie die Energie wieder aufsteigt. Fühle dich dabei geerdet und mit der Erde unter dir verbunden. (Pause)

Spüre deine Verbundenheit mit der Erde unter dir. Stabil und sicher. (Pause)

Zum Abschluss singen wir Om und Shanti, jeweils dreimal.

Om ist ein universelles Mantra, und Shanti bedeutet Frieden.

Om Om Om Shanti Shanti Shanti (Pause)

Wenn du bereit bist, öffne sanft und langsam deine Augen. Komm erfrischt und geerdet zurück in den Raum und in deinen Tag.

Ausgleich (30–35 Min.)

Entdecke deinen natürlichen Zustand der Ausgeglichenheit, des inneren Gleichgewichts – den friedvollen, harmonischen Zustand, der dein Geburtsrecht ist.

Vorschläge für die Praxis sowie einleitende und abschließende Übungen:

- Die Asanapraxis vor dieser ausgleichenden Yoga Nidra-Übung hängt von den Bedürfnissen der teilnehmenden Personen ab. Wenn deine Lernenden ein Übermaß an Rajas (geschäftiger Lebensstil, aktiver Geist) haben, kann eine aktive Asanastunde, die nach und nach langsamer wird, hilfreich sein, um sie wieder ins Gleichgewicht (Sattva) zu bringen. Wenn sie ein Übermaß an Tamas (inaktiv, lethargisch) haben, kann eine Stunde, die langsam beginnt und nach und nach aktiver wird, sie wieder ins Gleichgewicht (Sattva) bringen.

- Vorbereitung oder Abschluss mit ein paar Minuten Samana Mudra, um den Geist zu beruhigen und die elementaren Energien auszugleichen

Sich achtsam einrichten und zur Ruhe kommen

Mach es dir bequem für diese ausgleichende Yoga-Nidra-Übung.
Leg dich auf den Rücken oder, wenn das nicht bequem ist, auf die Seite.
Du kannst auch aufrecht sitzen, unterstützt.

Vielleicht baust du dir ein gemütliches Nest mit Kissen, Decken, Nackenrollen, Augenkissen – was auch immer dein Körper braucht, um sich in diesem Moment so wohl wie möglich zu fühlen. (Pause)

Mach dich bereit, nichts zu tun. (Pause)

Diese Zeit ist nur für dich.

Diese Übung ist nur für dich.

Es gibt kein *Sollen* oder *Nicht-Sollen*.

Du kannst es auf keinen Fall falsch machen.

Hier geht es um dich.

Dies ist für dich.

Mach es dir also so bequem, wie du willst, ganz nach Belieben.

Passe alles an, was du willst. Ganz wie du möchtest.

Höre in dich hinein und finde heraus, was du brauchst. Und dann erfülle dir diese Bitte.

Vielleicht magst du viele Kissen, Decken und Requisiten, vielleicht nur ein paar, vielleicht auch gar keine. Alles ist gleichermaßen willkommen.

Tu, was du tun musst, um dich unterstützt, gehalten und frei zu fühlen und Anspannungen loszulassen.

Mach es dir bequem für diese Übung des *Nicht-Handelns*.

Achte darauf, wie du dich fühlst.

Du solltest dich wohlfühlen, aber nicht schläfrig.

Wenn du dich schläfrig fühlst, kannst du es etwas weniger warm und etwas weniger dunkel machen.

Du kannst auch deine Kopfhaltung überprüfen. Wenn dein Kinn nach innen eingezogen ist, kann dich das schläfrig machen. Versuche, deinen Kopf in eine neutrale Position zu bringen, in der dein Kinn weder nach oben noch nach unten zeigt, und beobachte, wie sich deine Energie und Wachsamkeit dadurch verändern. Versuche, deinen Kopf in eine Position zu bringen, in der du dich entspannt, aber immer noch wach und nicht schläfrig fühlst. (Pause)

Richte dich so ein, dass du wach und aufmerksam und gleichzeitig in friedvoller Gelassenheit ruhen kannst.

Überprüfe jetzt, ob jeder Körperteil so entspannt ist, wie er nur sein kann. Wenn du dich nicht vollständig entspannen kannst, ist das in Ordnung. Du bist willkommen, so wie du bist.

Überprüfe, ob deine Füße und Knöchel so entspannt sind, wie es nur geht. (Pause)

Waden, Knie und Oberschenkel sind so entspannt wie möglich. (Pause)

Die Hüften sind so entspannt wie möglich. (Pause)

Unterer Rücken, mittlerer Rücken und oberer Rücken lösen alle Anspannungen. Der ganze Rücken schmilzt. (Pause)

Hände und Arme lassen los. (Pause)

Schultern und Nacken schmelzen, Verspannungen lösen sich auf. (Pause)

Kiefer, Zunge und Wangen werden weicher. (Pause)

Augen, Stirn und Kopfhaut werden weicher. (Pause)

Dein ganzer Körper verschmilzt mit dem Halt des Bodens unter dir. Gehalten vom Boden unter dir. (Pause)

Du musst nichts tun. (Pause)

Dein Körper wird gehalten und ruht. (Pause)

Deine Bewusstheit bleibt bestehen. (Pause)

Willkommen zu Yoga Nidra. (Pause)

Kreisen der Wahrnehmung im Körper

Nun beginne, deine Wahrnehmung und Energie durch den ganzen Körper zu lenken.

Während du deine Wahrnehmung von einem Punkt zum nächsten lenkst, kannst du den Punkt physisch visualisieren, als Lichtpunkt, energetisch spüren oder auf jede andere Weise, die sich richtig anfühlt.

Verlagere deine Aufmerksamkeit auf deine rechte Hand.

Rechter Daumen der rechten Hand

Zeigefinger

Mittelfinger

Ringfinger

Kleiner Finger

Körperliche Wahrnehmung, Lichtpunkt, Energie oder andere Erfahrung.

Zum linken Daumen lenken.

Zeigefinger

Mittelfinger

Ringfinger

Kleiner Finger

Und nun zum rechten Handgelenk hinüber.

Linkes Handgelenk

Rechter Ellbogen

Linker Ellbogen

Wahrnehmung lenken, Energie lenken.

Rechte Schulter

Linke Schulter

Halsgrube

Hinterkopf in der Nähe des Scheitels

Scheitel

Augenbrauenzentrum

Rechte Augenbraue

Linke Augenbraue

Rechtes Auge

Linkes Auge

Rechtes Ohr

Linkes Ohr

Rechte Wange

Linke Wange

Nasenspitze

Oberlippe

Unterlippe

Kinn

Halsgrube

Herzzentrum

Rechte Seite des Brustkorbs

Herzzentrum

Linke Seite des Brustkorbs

Herzzentrum

Nabelzentrum

Spitze des Steißbeins

Rechte Hüfte

Linke Hüfte

Rechtes Knie

Linkes Knie

Rechter Knöchel

Linker Knöchel

Rechter großer Zeh

Zweiter Zeh

Dritter Zeh

Vierter Zeh

Kleiner Zeh

Linker großer Zeh

Zweiter Zeh

Dritter Zeh

Vierter Zeh

Kleiner Zeh

Ganze rechte Seite des Körpers

Ganze linke Seite des Körpers

Ganzer Körper auf einmal

Ganzer Körper auf einmal

Ganzer Körper auf einmal

Atembeobachtung

Nimm jetzt den Atem in den Nasenlöchern wahr. Einfach so, wie er ist. Du musst nichts tun.

Nimm einfach den Atem wahr.

Nimm wahr, wie der Atem wie zwei Ströme durch die Nasenlöcher hereinströmt.

Spüre, wie die Ströme am Boden der Nasenlöcher hereinströmen.

Und spüre, wie der Atem hinausströmt.

Luftströme, die am Boden der Nasengänge hereinströmen.

Und Luftströme, die hinausströmen. (Pause)

Lenke deine Wahrnehmung auf dein rechtes Nasenloch.

Folge dem Einatmen durch dein rechtes Nasenloch und spüre beim Ausatmen, wie der Atem durch dein linkes Nasenloch hinausströmt.

Halte deine Wahrnehmung beim Einatmen auf dem linken Nasenloch und spüre beim Ausatmen, wie der Atem durch das rechte Nasenloch hinausströmt.

Mentale Wechselatmung mit jeweils nur einem Nasenloch.

Einatmen durch das rechte.

Ausatmen durch das linke.

Einatmen durch das linke.

Ausatmen durch das rechte.

Einatmen durch das rechte, zähle 1.

Ausatmen durch das linke, zähle 2.

Einatmen durch das linke, zähle 3.

Ausatmen durch das rechte, zähle 4.

Zähle weiter, bis 54.

Wenn du den Überblick verlierst, fang wieder an. (2 Minuten Pause) (Nach 1 Minute sagst du: „Wach und bewusst.")

Lass jetzt das Zählen los. Es spielt keine Rolle, bis zu welcher Zahl du gekommen bist oder ob deine Gedanken abgeschweift sind.

Lass das Zählen komplett los.

Atme normal. (Pause)

Spüre beim Ausatmen, dass du jede Müdigkeit, jeden Stress und jede Anspannung loslässt.

Spüre beim Einatmen, dass du grenzenlose Energie aufnimmst.

Atme aus und lass Müdigkeit, Stress und Anspannung los.

Atme ein und nimm grenzenlose Energie auf.

Atme aus und lass los.

Atme Energie ein.

Nun atme vom Scheitel bis zu den Zehen aus, Anspannung raus.

Atme von den Zehen bis zum Scheitel ein, Energie rein.

Ausatmen, vom Scheitel bis zu den Knöcheln.

Einatmen, von den Knöcheln bis zum Scheitel.

Ausatmen, vom Scheitel bis zu den Knien.

Einatmen, von den Knien bis zum Scheitel.

Ausatmen, vom Scheitel über die Wirbelsäule bis zum Steißbein.

Einatmen, vom Steißbein die Wirbelsäule hinauf zum Scheitel.

Ausatmen, vom Scheitel entlang der Wirbelsäule bis zum Nabel.

Einatmen, vom Nabel die Wirbelsäule hinauf zum Scheitel.

Ausatmen, vom Scheitel aus die Wirbelsäule hinunter zum Herzzentrum.

Einatmen, vom Herzzentrum über die Wirbelsäule bis zum Scheitel.

Ausatmen, vom Scheitel hinunter zum Kehlkopfzentrum.

Einatmen, vom Kehlkopfzentrum die Wirbelsäule hinauf zum Scheitel.

Ausatmen, vom Scheitel bis zur Brücke zwischen den Nasenlöchern.

Einatmen, von der Brücke zwischen den Nasenlöchern bis zum Scheitel.

Nun zum dritten Auge, ausatmen bis zur Brücke zwischen den Nasenlöchern.

Einatmen, von der Brücke zwischen den Nasenlöchern hinauf zum dritten Auge.

Zurück zum Scheitel, ausatmen bis zur Brücke zwischen den Nasenlöchern.

Einatmen, von der Brücke zwischen den Nasenlöchern bis zum Scheitel.

Ausatmen, vom Scheitel über die Wirbelsäule bis zum Kehlkopfzentrum.

Einatmen, von der Kehlkopfmitte die Wirbelsäule hinauf zum Scheitel.

Ausatmen, vom Scheitel die Wirbelsäule hinunter zum Herzzentrum.

Einatmen, vom Herzzentrum die Wirbelsäule hinauf zum Scheitel.

Ausatmen, vom Scheitel die Wirbelsäule hinunter zum Nabel.

Einatmen, vom Nabel die Wirbelsäule hinauf zum Scheitel.

Ausatmen, vom Scheitel die Wirbelsäule hinunter bis zum Steißbein.

Einatmen, vom Steißbein die Wirbelsäule hinauf zum Scheitel.

Ausatmen, vom Scheitel bis zu den Knien.

Einatmen, von den Knien bis zum Scheitel.

Ausatmen, vom Scheitel bis zu den Knöcheln.

Einatmen, von den Knöcheln bis zum Scheitel.

Ausatmen, vom Scheitel bis zu den Zehen.

Einatmen, von den Zehen bis zum Scheitel. (Pause)

Spüre, wie der ganze Körper ein- und ausatmet. (Pause)

Atme die kosmische Energie um dich herum ein und atme alle Müdigkeit, Verspannungen und Energieblockaden aus. (lange Pause)

Gegensatzpaare

Beginne nun, Empfindungen im Körper zu manifestieren.

Beginne damit, das Gefühl von Schwere zu entwickeln.

Jeder Teil deines Körpers wird schwerer und schwerer.

Schwer wie Stein.

Spüre, wie das rechte Bein schwer wie Stein wird und in den Boden unter dir einsinkt.

Das linke Bein wird schwerer und schwerer. Es sinkt nach unten ... so schwer, dass du es nicht mehr heben kannst.

Spüre jetzt die Schwere in den Hüften ... im Rücken ... im Brustraum ... Der ganze Oberkörper sinkt in die Fläche unter dir. So schwer.

Die Schultern sinken jetzt. Die Schwere geht über auf die Arme und die Hände. Die Hände sind schwer wie Stein.

Der Kopf ist schwer, sinkt in die Fläche unter dir.

Manifestiere das Gefühl der Schwere im ganzen Körper.

Der ganze Körper ist schwer wie Stein. (Pause)

Jetzt lass das Gefühl von Schwere los.

Lass es vollständig los.

Lass das Gefühl der Schwere in jedem Teil des Körpers los.

Erwecke nun das Gefühl der Leichtigkeit in deinem Körper.

Spüre, wie sich jeder Teil deines Körpers mit Leichtigkeit füllt, wie ein Heliumballon.

Der Körper wird leichter und leichter.

Das rechte Bein wird leicht und hebt sich.

Das linke Bein füllt sich mit Leichtigkeit und schwebt nach oben.

Der rechte Arm wird immer leichter und hebt sich.

Der linke Arm wird leicht und schwebt nach oben.

Die Hüften und der Oberkörper werden leicht, füllen sich wie ein Heliumballon und schweben nach oben.

Und schließlich der Kopf, er füllt sich mit dem Gefühl der Leichtigkeit und schwebt aufwärts.

Der ganze Körper schwebt. Leicht wie Luft.

Erlebe die Leichtigkeit im ganzen Körper.

Absolute Leichtigkeit. (Pause)

Lass jetzt das Gefühl der Leichtigkeit los.

Erlaube deinem Körper, das Gefühl des Schwebens sanft loszulassen.

Lass das Gefühl der Leichtigkeit vollständig los.

Manifestiere nun das Gefühl von Kälte in deinem Körper.

Beginne damit, das Gefühl einer kühlen Brise zu spüren, die über deinen ganzen Körper streicht.

Kühle Brise – von den Zehenspitzen bis zum Scheitel und vom Scheitel bis zu den Zehenspitzen. (Pause)

Spüre, wie sich dein ganzer Körper ganz von alleine zusammenzieht, sich vor Kälte zusammenzieht – tief nach innen, bis dein Körper zittert.

Die Kälte durchdringt deine Haut ... dein Gewebe ... dringt bis tief in deine Knochen.

Gänsehaut am ganzen Körper. Du zitterst.

Spüre die Kälte in allen Teilen deines Körpers – kalte Arme, kalte Beine, kalter Oberkörper, kalter Kopf. Spüre die Kälte in deinem Gesicht – Wangen, Nasenspitze, Stirn. Kälte an den Schläfen, im Nacken, Zittern, Kälte im Scheitelbereich des Kopfes.

Kälte und Zittern am ganzen Körper. (Pause)

Jetzt lass das Gefühl der Kälte los.

Lass es vollständig los.

Lass das Gefühl von Kälte im ganzen Körper los.

Manifestiere jetzt das Gefühl von Wärme im Körper.

Spüre, wie im ganzen Körper Hitze entsteht.

Hitze, wie an einem schwülen Sommertag. Hitze auf deiner Haut, an Armen, Beinen, Fingern, Zehen, im Gesicht.

Es wird heißer und heißer.

Hitze strahlt durch jede Pore deines Körpers.

So viel Hitze, dass dir der Schweiß aus den Poren rinnt.

Du spürst, wie dein ganzer Körper in Schweiß ausbricht. Die Achseln schwitzen, die Stirn schwitzt, die Augenlider schwitzen, die Handflächen schwitzen, die Fußsohlen sind heiß und schwitzen. Hitze im ganzen Körper. (Pause)

Der ganze Körper ist heiß und schwitzt. (Pause)

Lass jetzt das Hitzegefühl los.

Lass es vollständig los.

Lass das Gefühl von Hitze im ganzen Körper los. (Pause)

Wenn du eine dieser Empfindungen manifestieren konntest, achte darauf, was passiert, wenn du sie loslässt. Wenn du loslässt, offenbart sich der Zustand des Gleichgewichts.

Das Gleichgewicht ist immer da und wartet hinter den Gegensätzen. Gleichgewicht ist dein natürlicher Zustand. Es ist immer für dich da, hinter den Gegensätzen schwer/leicht, heiß/kalt, energiegeladen und müde, geschäftig und festgefahren.

Gleichgewicht ist dein natürlicher Zustand.

Gleichgewicht ist dein natürlicher Zustand.

Lass die Gegensätze los und das Gleichgewicht erscheint.

Dieser Zustand des Gleichgewichts ist für dich da, wann immer du willst.

Er gehört dir.

Wenn du loslässt, erreichst du deinen natürlichen Zustand des Gleichgewichts. (Pause)

Nimm dir jetzt ein paar Minuten Zeit und ruh dich einfach aus.

Du musst nichts tun.

Einfach nur ausruhen. (1-3 Minuten Pause)

Abschluss – Aufmerksamkeit mehr und mehr nach außen richten

Ommmmmm Ommmmmm Ommmmmm

Lenke deine Wahrnehmung zurück zu deinem Atem. Nimm die Atmung deines Körpers wahr. Spüre, wie dein Körper atmet. Nimm dir einen Moment Zeit, um das *Nicht-Tun* deiner Atmung zu genießen. (Pause)

Atme jetzt tief ein.

Spüre, wie Energie und Wahrnehmung in deinen Körper zurückkehren. (Pause)

Yoga Nidra ist nun beendet. (Pause)

Nimm einen weiteren Atemzug. (Pause)

Wenn du Lust hast, sanfte Bewegungen im Körper zu machen, dann mach sie. Wenn du Lust auf größere Bewegungen hast, mach sie.

Höre in dich hinein und bewege dich, wann und wie du willst. (Pause)

Wenn du magst, nimm dir einen Moment Zeit, um dir deine Erfahrung noch einmal zu vergegenwärtigen. Was nimmst du aus deiner heutigen Erfahrung mit dir? (Pause)

Setz dich aufrecht hin.

Halte die Augen geschlossen, wenn du kannst.

Spüre, wie die Energie nach oben steigt, während du sitzt. (Pause)

Spüre, wie sich dein Körper aktiviert.

Wie sich dein Verstand aktiviert.

Und bleibe trotzdem entspannt.

Möglicherweise fühlst du dich ausgeglichener als zu Beginn. Vielleicht bist du ausgeruhter oder friedvoller.

Nimm dir einen Moment Zeit und genieße jede positive Erfahrung, die du heute mit deiner Yoga Nidra-Übung gemacht hast. (Pause)

Bedanke dich bei dir selbst dafür, dass du hier bist. Danke dir dafür, dass du dir diese Zeit für dich selbst genommen hast. (Pause)

Zum Schluss singe ich Om und Shanti, jeweils dreimal. Mach mit, wenn du magst.

Nimm wahr, wie deine Energie mit dem Singen ansteigt.

Om Om Om Shanti Shanti Shanti (Pause)

Öffne langsam und sanft deine Augen und nimm jedes ausgeglichene Gefühl mit dir in den Raum und in deinen Tag.

Jahreszeitenwechsel – von Winter zu Frühling (35 Min.)

Bring dich mit dem Rhythmus der Natur in Einklang und wechsle auf wunderbare Weise von der Jahreszeit der Ruhe und Besinnung in die Jahreszeit der Wiedergeburt.

<u>Vorschläge für die Praxis sowie einleitende und abschließende Übungen:</u>

- Beginne mit einer entspannten Asana oder Bewegungsübung, die die Gelenke und die wichtigsten Muskeln lockert.

- Beginn oder Abschluss mit ein paar Minuten Abhaya Mudra, um furchtlos in die Wiedergeburt überzuwechseln

- Vorbereitung oder Abschluss mit einem Shanti Mantra wie

  Sarvesham svastir bhavatu

  Sarvesham shantir bhavatu

  Sarvesham purnam bhavatu

  Sarvesham mangalam bhavatu

  (Möge allen Wohlstand zuteilwerden, möge allen Frieden zuteilwerden, möge allen Fülle zuteilwerden, möge allen Verheißung zuteilwerden.)

- Abschluss mit Kapalabhati-Atmung und Selbstmassage von Schultern, Nacken, Kopfhaut, Armen, Beinen und Fußsohlen

Sich achtsam einrichten und zur Ruhe kommen

Such dir einen bequemen Platz zum Hinlegen oder zum Sitzen, unterstützt, falls du lieber sitzt.

Mach dich bereit für diese Yoga Nidra-Übung, die dir hilft, auf wunderbare Weise in die Jahreszeit der Wiedergeburt zu wechseln. (Pause)

Lege ein dünnes Kissen oder eine Decke bequem unter deinen Kopf. (Pause)

Deck dich mit einer Decke zu, wenn du magst. (Pause)

Tu alles, was du tun musst, um es dir so bequem wie möglich zu machen. (lange Pause)

Lass alles los, was dir durch den Kopf geht. In diesem Moment gibt es nichts, was du tun müsstest. Lass alles los, um dich mit deinem Innersten zu verbinden. (Pause)

Wenn du in Savasana liegst, liegen die Füße hüftbreit auseinander und fallen locker zu den Seiten. Deine Arme sind vom Körper weg und lassen unter den Achseln Platz. Die Handflächen zeigen nach oben. (Pause)

In jeder Position sind die Schultern von den Ohren weg. (Pause)

Überprüfe, ob dein Nacken gerade ist und sich angenehm anfühlt. (Pause)

Achte auf Unebenheiten an deiner Kleidung, deinem Schmuck oder dem Boden unter dir, die deine Aufmerksamkeit ablenken könnten. Wenn dich etwas stört, bring es jetzt in Ordnung. (Pause)

Überprüfe deinen ganzen Körper. Stelle sicher, dass du dich so wohl wie möglich fühlst und dass es nichts gibt, was deine Aufmerksamkeit erregt – nichts, was dich von deiner Yoga Nidra-Übung ablenken könnte. (Pause)

Atme tief ein … und lange aus.

Atme noch einmal tief ein und spüre beim Ausatmen, wie du zur Ruhe kommst und loslässt. (Pause)

Jetzt ist es an der Zeit, letzte Veränderungen vorzunehmen, damit du für deine Yoga Nidra-Übung stillhalten kannst. (Pause)

Vergewissere dich, dass du dich rundum wohl fühlst und alles *Tun* aufgeben kannst.

Sei dir bewusst, dass du dich jederzeit bewegen kannst, aber mach es dir so bequem, dass du absolut kein Verlangen danach haben wirst, dich zu bewegen. (Pause)

Beginne, die Stille zu spüren. Ruhe in dieser Stille. (Pause)

Nimm ferne Geräusche wahr. (lange Pause)

Erlaube deinem Hörsinn, sich auszudehnen und alle Geräusche mühelos und ohne Analyse wahrzunehmen. Nimm sie einfach mit müheloser Achtsamkeit wahr. (Pause)

Richte nun deinen Hörsinn auf den Raum aus. Nimm die Geräusche im Raum wahr. (Pause)

Achte auf das leise Geräusch deines eigenen Körpers beim Atmen. (Pause)

Spüre, wie dein Körper ruht. (Pause)

Sei dir der Atmung deines Körpers bewusst.

Dein Körper atmet ganz von selbst. (Pause)

Es gibt nichts zu tun. (Pause)

Du musst dich nicht konzentrieren. Nur mühelos wahrnehmen. (Pause)

Sage dir innerlich: „Ich werde Yoga Nidra üben." (Pause) „Ich werde wach und achtsam bleiben." (Pause)

Willkommen zu Yoga Nidra. (Pause)

Sankalpa

Richte deinen Fokus auf den Wechsel in den Frühling und sei dir bewusst, dass der Frühling kommt.

Spüre, dass der Frühling Einzug hält. (Pause)

Die ganze Natur erwacht, ausgeruht und erneuert, bereit, sich auf wunderbare Weise zu entfalten. (Pause)

Die Sonne kommt strahlend wieder zum Vorschein ... Pflanzen sprießen ... Vögel schlüpfen aus ihren Eiern. (Pause)

Alles Leben ist neu. (Pause)

Und auch du kannst in einer strahlenden neuen Form erblühen. (Pause)

Frisch und gestärkt. (Pause)

Stell dir vor, wie du mühelos diesem Frühlingsrhythmus der Natur folgst. (Pause)

Die Zeit der Ruhe geht zu Ende und die Zeit der Wiedergeburt bricht an. (Pause)

Erlaube dir ohne *jede* Angst, dir Veränderungen vorzustellen. (Pause)

Lass alle alten Ideen und Verhaltensweisen, die sich schwer anfühlen, hinter dir. (Pause)

Was wirst du zurücklassen? (Pause)

Lasse Raum für deine Verwandlung. (Pause)

Sei dir bewusst, dass es ganz natürlich ist, gerade jetzt dem Rhythmus der Veränderung zu folgen.

Begrüße das Potenzial für Veränderungen. Die Gelegenheit für neue Erfahrungen, neue Perspektiven, neues Lernen und neues Wachstum. (Pause)

Neue Ebenen der Freude, des Friedens und des Wissens. (Pause)

Stell dir vor, wie du neu geboren, neu erfunden wirst. (Pause)

Wie wird es aussehen? (Pause) Wie klingt es? (Pause) Wie fühlt es sich an? (Pause)

Erlaube deinem Herzen, den Weg zu weisen. *Fühle* in es hinein. (Pause)

Sei dir bewusst, dass die Energie des Frühlings deinen Sankalpa – deinen Herzenswunsch, deinen festen Vorsatz – noch verstärken wird.

Es ist die ideale Jahreszeit, um wieder in Schwung zu kommen.

Setz dir eine Absicht für den Frühling, sage dir jetzt innerlich:

Ich wechsle auf *wunderbare* Weise in die Jahreszeit der *Wiedergeburt*. (Pause)

Ich wechsle auf wunderbare Weise in die Jahreszeit der Wiedergeburt. (Pause)

Ich wechsle auf wunderbare Weise in die Jahreszeit der Wiedergeburt. (Pause)

Kreisen der Wahrnehmung im Körper

Nun unternimm eine Reise durch den Körper und beobachte ihn mit Neugierde und müheloser Wahrnehmung.

Lass deine Wahrnehmung von einem Körperteil zum nächsten hüpfen.

Nicht denken. Einfach nur wahrnehmen.

Nimm alle Empfindungen, Gedanken und Gefühle wahr, die auftauchen könnten, aber ohne Anhaftung.

Nimm sie wahr und reise einfach weiter.

Bring deine Aufmerksamkeit zu dem Punkt zwischen deinen Augenbrauen.

Punkt zwischen den Augenbrauen

Halsgrube

Rechte Schulter

Rechter Ellbogen

Reise mühelos tief in den Körper.

Hinunter zur Mitte des rechten Handgelenks.

Rechter Daumen

Spitze des Zeigefingers

Spitze des Mittelfingers

Spitze des Ringfingers

Spitze des kleinen Fingers

Zurück zum rechten Handgelenk.

Ellbogen

Schulter

Halsgrube

Die Wahrnehmung zur linken Schulter lenken.

Hinunter zum linken Ellbogen.

Tief im Körper, mühelos.

Mitte des linken Handgelenks

Linker Daumen

Spitze des Zeigefingers

Spitze des Mittelfingers

Spitze des Ringfingers

Spitze des kleinen Fingers

Zurück zum linken Handgelenk.

Ellbogen

Schulter

Halsgrube

Herzzentrum

Rechte Seite des Brustkorbs

Herzzentrum

Linke Seite des Brustkorbs

Herzzentrum

Nabelzentrum

Spitze des Steißbeins

Rechtes Hüftgelenk

Rechtes Kniegelenk

Fußgelenk

Rechter großer Zeh

Spitze des zweiten Zehs

Spitze des dritten Zehs

Spitze des vierten Zehs

Spitze des kleinen Zehs

Zurück zum rechten Fußgelenk.

Kniegelenk

Hüftgelenk

Spitze des Steißbeins

Wahrnehmung zum linken Hüftgelenk leiten.

Linkes Kniegelenk

Fußgelenk

Linker großer Zeh

Spitze des zweiten Zehs

Spitze des dritten Zehs

Spitze des vierten Zehs

Spitze des kleinen Zehs

Zurück zum linken Knöchel.

Kniegelenk

Hüftgelenk

Spitze des Steißbeins

Nabelzentrum

Herzzentrum

Halsgrube

Augenbrauenzentrum

Augenbrauenzentrum

Augenbrauenzentrum (Pause)

Atembeobachtung

Nimm nun deinen Brustkorb wahr.

Nimm wahr, wie dein Körper von selbst atmet. (Pause)

Dein Brustkorb hebt und senkt sich sanft mit jedem Atemzug. (Pause)

Du musst nichts tun.

Beobachte einfach. (Pause)

Lenke jetzt deine Aufmerksamkeit auf die Nasenlöcher. (Pause)

Ohne deine Atmung zu verändern, spüre, dass der Atem in zwei getrennten Strömen aus der Ferne durch die Nasenlöcher hereinströmt.

Zwei Ströme, die durch die Nasenlöcher hereinströmen und sich am Punkt zwischen den Augenbrauen treffen.

Zwei Ströme, die aus der Ferne durch die Nasenlöcher hereinströmen, um sich am Punkt zwischen den Augenbrauen, dem dritten Auge, zu treffen.

Atme so weiter; zwei Ströme aus der Ferne, die sich an dem Punkt zwischen den Augenbrauen treffen, dem Auge der Intuition. (Pause)

Spüre mit jedem Atemzug das Zentrum des dritten Auges.

Lokalisiere es hinter der Mitte zwischen den Augenbrauen, im Zentrum des Gehirns.

Hinter der Mitte zwischen den Augenbrauen, im Zentrum des Gehirns.

Dies ist das Zentrum für intuitives Wissen.

Wenn du deine Wahrnehmung auf das dritte Auge richtest, bringst du Energie dorthin, *Prana*.

Wo die Wahrnehmung hingeht, fließt Energie. (Pause)

Atme auf diese Weise weiter, indem du von 16 bis 1 herunterzählst.

Einatmen zum dritten Auge 16

Ausatmen 15

Einatmen zum dritten Auge 14

Ausatmen 13

Und so weiter, bis hinunter zur 1. Wenn du den Überblick verlierst, fang wieder an. Wenn du fertig bist, fang wieder an. (30 Sekunden Pause)

Lass das Zählen jetzt los.

Es spielt keine Rolle, bis zu welcher Zahl du gekommen bist oder ob du den Überblick verloren hast.

Lass das Zählen los. (Pause)

Gegensatzpaare

Beginne nun, Empfindungen im Körper zu manifestieren.

Beginne damit, das Gefühl von Schwere zu entwickeln.

Jeder Teil deines Körpers wird schwerer und schwerer.

Schwer. Wie Blei.

Spüre, wie das rechte Bein schwer wie Blei wird und in den Boden unter dir sinkt.

Das linke Bein wird schwerer und schwerer. Es sinkt nach unten ... so schwer, dass du es nicht mehr heben kannst.

Spüre jetzt die Schwere in den Hüften ... im Rücken ... im Brustkorb ... Der ganze Oberkörper sinkt in die Fläche unter dir. So schwer.

Jetzt sinken die Schultern. Die Schwere erstreckt sich über Arme und Hände. Die Hände sind schwer wie Blei.

Der Kopf ist schwer und sinkt in die Fläche unter dir.

Manifestiere das Gefühl der Schwere im ganzen Körper.

Dein ganzer Körper ist schwer wie Blei. (Pause)

Lass jetzt das Gefühl der Schwere los.

Lass es vollständig los.

Lass das Gefühl der Schwere in jedem Teil des Körpers los.

Erwecke nun das Gefühl der Leichtigkeit in deinem Körper.

Spüre, dass sich jeder Teil deines Körpers mit Leichtigkeit füllt, wie ein Heliumballon.

Dein Körper wird leichter und leichter.

Das rechte Bein wird leicht und hebt sich.

Das linke Bein füllt sich mit Leichtigkeit und schwebt nach oben.

Der rechte Arm wird immer leichter, er hebt sich.

Der linke Arm wird leicht und schwebt nach oben.

Die Hüften und der Rumpf werden leicht, füllen sich wie ein Heliumballon und schweben nach oben.

Und schließlich der Kopf. Er füllt sich mit dem Gefühl der Leichtigkeit und schwebt aufwärts.

Der ganze Körper schwebt nach oben. Leicht wie Luft.

Erlebe die Leichtigkeit im ganzen Körper.

Absolute Leichtigkeit. (Pause)

Lass jetzt das Gefühl der Leichtigkeit los.

Erlaube deinem Körper, das Gefühl des Schwebens sanft loszulassen.

Lass das Gefühl der Leichtigkeit vollständig los.

Mach dir bewusst, dass du die Empfindungen von Schwere und Leichtigkeit jederzeit manifestieren oder loslassen kannst, wenn du es brauchst. (Pause)

Symbole/Innere Bilder

Nun beginnt der Vorgang, das Unterbewusstsein zu öffnen und der Kreativität freien Lauf zu lassen.

Ich werde eine Reihe von Symbolen nennen. Bilder, Gedanken oder Gefühle könnten auftauchen.

Bleib weiterhin beim Beobachten. Mühelos.

Schau einfach zu, mit losgelöster Achtsamkeit. (Pause)

Ein rosa Schal (3 Mal wiederholen)

Eine Schale mit Beeren (3 Mal wiederholen)

Verstaubte Bücher (3 Mal wiederholen)

Morgendliches Sonnenlicht (3 Mal wiederholen)

Immergrüner Baum (3 Mal wiederholen)

Regentropfen an einem Fenster (3 Mal wiederholen)

Flauschige Fäustlinge (3 Mal wiederholen)

Eisenbahnschienen (3 Mal wiederholen)

Rote Ziegelsteine (3 Mal wiederholen)

Blauer Himmel (3 Mal wiederholen)

(Pause)

Sankalpa

Jetzt ist der perfekte Zeitpunkt, um deinen Frühlingsvorsatz noch einmal zu wiederholen. Wenn du ihn jetzt mit Gefühl und Bewusstsein wiederholst, kann er nicht scheitern. Sage innerlich zu dir selbst:

Ich wechsle *auf wunderbare Weise* in die Jahreszeit der *Wiedergeburt.* (Pause)

Ich wechsle auf wunderbare Weise in die Jahreszeit der Wiedergeburt. (Pause)

Ich wechsle auf wunderbare Weise in die Jahreszeit der Wiedergeburt. (Pause)

Erkenne, dass deine Absicht tief in deinem Wesen angekommen ist und sich bereits manifestiert. Nimm dir einen Moment Zeit, um die Freude über die Verwirklichung deiner Absicht zu spüren. (Pause)

Abschluss – Aufmerksamkeit mehr und mehr nach außen richten

Nimm deinen Atem wahr. (Pause)

Dein Körper ruht und atmet ganz von selbst. (Pause)

Höre auf das leise Geräusch des Atmens deines Körpers. (Pause)

Spüre, wie dein Körper atmet. (Pause)

Richte dein Bewusstsein nach außen.

Nimm den Raum wahr, in dem du dich befindest, den Boden, die Wände, die Decke. Achte auf die Geräusche im Raum. (Pause)

Sei dir bewusst, dass die Übung von Yoga Nidra zu Ende geht.

Entwickle Bewusstsein für deinen Körper und den Ort, an dem du dich befindest.

Spüre, wie deine Wahrnehmung in deinen Körper zurückkehrt.

Yoga Nidra ist nun beendet. (Pause)

Beginne mit sanften Bewegungen im Körper, wackle mit den Fingern. Wackle mit den Zehen.

Mach jede sanfte Bewegung mit deinem Körper, die sich gut anfühlt. (Pause)

Mach jetzt größere Bewegungen – bewege deine Füße, Beine, Hände, Arme. Bewege alle Körperteile, die sich melden. Falls du liegst, roll dich auf die rechte Seite, wenn du bereit bist. (Pause)

Atme ein paar Mal tief durch und rufe dir alles ins Gedächtnis, was dich heute während deiner Yoga Nidra-Übung bewegt hat. (Pause)

Falls du liegst, drücke dich langsam zum Sitzen hoch. Halte deine Augen geschlossen, wenn du kannst. Nimm dir Zeit, es gibt keinen Grund zur Eile. (Pause)

Sitze bequem, den Rücken so gerade wie möglich.

Atme tief ein … und lange aus.

Sage dir innerlich ein weiteres Mal:

„Ich wechsle auf wunderbare Weise in die Jahreszeit der Wiedergeburt." (Pause)

Zum Schluss chanten wir Om und Shanti, jeweils dreimal.

Om Om Om Shanti Shanti Shanti (Pause)

Halte das Gefühl fest, dass du auf wunderbare Weise in die Zeit der Wiedergeburt wechselst, während du sanft deine Augen öffnest. Erlaube deinen Augen und deinem Bewusstsein, sich wieder auf den Raum und auf deinen Tag einzustellen.

Jahreszeitenwechsel – von Frühling zu Sommer (35 Min.)

Bring dich mit dem Rhythmus der Natur in Einklang und wechsle auf wunderbare Weise von der Jahreszeit der Wiedergeburt in die Jahreszeit des Handelns.

<u>Vorschläge für die Praxis sowie einleitende und abschließende Übungen:</u>

- Beginne mit ein paar Sonnengrüßen, um den Körper zu lockern.

- Schließe die Stunde vielleicht auch mit einigen energetisierenden Sonnengrüßen oder Asanas ab, um den Übergang zur Aktivität sofort anzuregen.

- Beende die Übung mit ein paar Minuten Prana Mudra, um die Energie nutzbar zu machen, die zum Handeln nötig ist.

- Vorbereitung oder Abschluss mit einem Shanti Mantra wie

    Sarvesham svastir bhavatu

    Sarvesham shantir bhavatu

    Sarvesham purnam bhavatu

    Sarvesham mangalam bhavatu

    (Möge Wohlstand für alle sein, möge Frieden für alle sein, möge Fülle für alle sein, möge Glückseligkeit für alle sein.)

Sich achtsam einrichten und zur Ruhe kommen

Such dir einen bequemen Platz zum Hinlegen oder zum Sitzen, unterstützt, falls du lieber sitzt.

Bereite dich auf diese Yoga-Nidra-Übung vor, die dir helfen soll, auf wunderbare Weise in die Jahreszeit des Handelns zu wechseln. (Pause)

Lege ein dünnes Kissen oder eine Decke bequem unter deinen Kopf. (Pause)

Bedecke dich mit einer Decke, wenn du magst. (Pause)

Tu alles, was du tun musst, um es dir so bequem wie möglich zu machen. (lange Pause)

Lass alles los, was dir durch den Kopf geht. Im Moment gibt es nichts, was du tun müsstest. (Pause)

Schieb alles beiseite, um dich mit deinem Innersten zu verbinden. (Pause)

Wenn du in Savasana liegst, liegen die Füße hüftbreit auseinander und fallen locker zu den Seiten. Deine Arme sind vom Körper weg und lassen unter den Achseln Platz. Die Handflächen zeigen nach oben. (Pause)

In jeder Position sind die Schultern weg von den Ohren. (Pause)

Überprüfe, ob dein Nacken gerade ist und sich angenehm anfühlt. (Pause)

Achte auf Unebenheiten an deiner Kleidung, deinem Schmuck oder dem Boden unter dir, die deine Aufmerksamkeit ablenken könnten. Wenn dich etwas stört, bring es jetzt in Ordnung. (Pause)

Überprüfe deinen ganzen Körper. Stelle sicher, dass du dich so wohl wie möglich fühlst und dass es nichts gibt, was deine Aufmerksamkeit erregt – nichts, was dich von deiner Yoga Nidra-Übung ablenken könnte. (Pause)

Atme tief ein … und lange aus.

Atme noch einmal tief ein und spüre beim Ausatmen, wie du zur Ruhe kommst und loslässt. (Pause)

Nimm jetzt die letzten Anpassungen vor, falls nötig, um für deine Yoga Nidra-Übung stillhalten zu können. (Pause)

Vergewissere dich, dass du dich rundum wohl fühlst und alles *Tun* aufgeben kannst.

Sei dir bewusst, dass du dich jederzeit bewegen kannst, aber mach es dir so bequem, dass du absolut kein Verlangen danach haben wirst, dich zu bewegen. (Pause)

Beginne, die Stille zu spüren. Ruhe in dieser Stille. (Pause)

Nimm ferne Geräusche wahr. (Pause)

Erlaube deinem Hörsinn, sich auszudehnen und alle Geräusche mühelos und ohne Analyse zu empfangen. Nimm einfach mit müheloser Achtsamkeit alle Geräusche wahr. (lange Pause)

Richte nun deinen Hörsinn auf den Raum. Nimm alle Geräusche im Raum wahr. (Pause)

Höre auf das Geräusch der Atmung deines eigenen Körpers. (Pause)

Spüre, wie dein Körper zur Ruhe kommt. (Pause)

Sei dir der Atmung deines Körpers bewusst.

Dein Körper atmet ganz von selbst. (Pause)

Es gibt nichts zu tun. (Pause)

Du musst dich nicht konzentrieren. Nur mühelos wahrnehmen. (Pause)

Sage dir innerlich: „Ich werde Yoga Nidra üben." (Pause) „Ich werde wach und achtsam bleiben."

Willkommen zu Yoga Nidra. (Pause)

Sankalpa

Richte deinen Fokus auf den Übergang in den Sommer und sei dir bewusst, dass der Sommer naht.

Spüre, dass der Sommer naht. (Pause)

Die ganze Natur steht in voller Blüte und ist auf dem Höhepunkt ihres Potenzials.

Tiere spielen, die Luft ist mild, die Sonne strahlt und spendet Energie.

Es ist die perfekte Zeit für dich, auch zu spielen.

Es ist Zeit, mit dem Sommerrhythmus zu tanzen.

Voller Leben, spielerisch, produktiv.

Probiere deine glänzenden neuen Flügel aus.

Sieh, was du tun kannst – erhebe dich in neue Höhen, fliege los und erkunde, probiere ein paar neue Tricks aus. Der Himmel ist die Grenze und alles ist frei, um Richtung Himmel abzuheben.

Erlaube dir ohne jede Angst oder Selbstzweifel, zu fliegen und deine Träume zu verwirklichen.

Es gibt keinen besseren Zeitpunkt.

Die Sonne gibt dir Energie für jeden Schritt, jeden Flügelschlag.

Sie taucht dich in ein wunderschönes, strahlendes Licht.

Die Vögel singen dein Lied.

Die Luft ist frisch. Die ganze Natur pulsiert vor Leben.

Die ganze Natur hat sich verschworen, um dir zu helfen, im höchsten Ausdruck deines Potenzials zu erblühen.

Lebendig, stark und atemberaubend.

Wenn du jetzt einen Vorsatz für den Sommer fasst, sage dir innerlich:

Ich wechsle *auf wunderbare Weise* in die Jahreszeit des *Handelns*. (Pause)

Ich wechsle auf wunderbare Weise in die Jahreszeit des Handelns. (Pause)

Ich wechsle auf wunderbare Weise in die Jahreszeit des Handelns. (Pause)

Kreisen der Wahrnehmung im Körper

Nimm deine Wahrnehmung jetzt mit auf eine Reise durch den Körper. Ganz mühelos. Wie Reisende im Urlaub.

Lass deine Wahrnehmung von einem Körperteil zum nächsten hüpfen.

Du musst nicht denken. Einfach nur wahrnehmen.

Nimm alle Empfindungen, Gedanken und Gefühle wahr, die auftauchen könnten, aber ohne Anhaftung.

Nimm sie wahr und reise einfach weiter.

Lenke deine Wahrnehmung auf den Punkt zwischen deinen Augenbrauen.

Punkt zwischen den Augenbrauen

Halsgrube

Rechte Schulter

Rechter Ellbogen

Mühelos reisen, tief im Körper.

Hinunter zur Mitte des rechten Handgelenks.

Rechter Daumen

Spitze des Zeigefingers

Spitze des Mittelfingers

Spitze des Ringfingers

Spitze des kleinen Fingers

Wieder hoch zum rechten Handgelenk.

Ellbogen

Schulter

Halsgrube

Die Wahrnehmung zur linken Schulter lenken.

Hinunter zum linken Ellbogen.

Tief im Körper, mühelos.

Mitte des linken Handgelenks

Linker Daumen

Spitze des Zeigefingers

Spitze des Mittelfingers

Spitze des Ringfingers

Spitze des kleinen Fingers

Wieder hoch zum linken Handgelenk.

Ellbogen

Schulter

Halsgrube

Herzzentrum

Rechte Seite des Brustkorbs

Herzzentrum

Linke Seite des Brustkorbs

Herzzentrum

Nabelzentrum

Spitze des Steißbeins

Rechtes Hüftgelenk

Rechtes Kniegelenk

Fußgelenk

Rechter großer Zeh

Spitze des zweiten Zehs

Spitze des dritten Zehs

Spitze des vierten Zehs

Spitze des kleinen Zehs

Wieder hoch zum rechten Fußgelenk.

Kniegelenk

Hüftgelenk

Spitze des Steißbeins

Die Wahrnehmung zum linken Hüftgelenk leiten.

Linkes Kniegelenk

Fußgelenk

Linker großer Zeh

Spitze des zweiten Zehs

Spitze des dritten Zehs

Spitze des vierten Zehs

Spitze des kleinen Zehs

Wieder hoch zum linken Knöchel.

Kniegelenk

Hüftgelenk

Spitze des Steißbeins

Nabelzentrum

Herzzentrum

Halsgrube

Augenbrauenzentrum

Augenbrauenzentrum

Augenbrauenzentrum (Pause)

Atembeobachtung

Beginne nun mit der Atembeobachtung.

Nimm dein Nabelzentrum wahr. (Pause)

Nimm wahr, wie sich dein Bauch mit jedem Atemzug sanft hebt und senkt. (Pause)

Nimm wahr, wie der Körper ganz von selbst atmet.

Du musst nichts tun.

Beobachte einfach. (Pause)

Halte deine Aufmerksamkeit auf das Nabelzentrum gerichtet. (Pause)

Das Nabelzentrum ist dein Zentrum für Lebenskraft. Für dein persönliches Feuer. (Pause)

Wenn du deine Wahrnehmung auf dein Nabelzentrum richtest, füllst du es mit Lebenskraft.

Wo deine Wahrnehmung hingeht, fließt Energie.

Halte deine Wahrnehmung auf dein Nabelzentrum gerichtet, dein Zentrum für persönliche Kraft. Sei wach, aber entspannt.

Spüre, ohne deine Atmung zu verändern, wie der Atem zum Nabelzentrum hinuntergezogen wird. (Pause)

Mit jedem Atemzug strömt Energie herein, die das Kraftzentrum in deinem Nabel auflädt. (Pause)

Die Flammen deiner Vitalität schürt. (Pause)

Atme auf diese Weise weiter, indem du von 16 bis 1 herunterzählst.

Einatmen bis zum Bauchnabel 16

Ausatmen 15

Einatmen bis zum Bauchnabel 14

Ausatmen 13

Und so weiter, bis hinunter zur 1. Wenn du den Überblick verlierst, fang wieder an. Wenn du fertig bist, fang wieder an. (30 Sekunden Pause)

Jetzt lass das Zählen los.

Es spielt keine Rolle, bis zu welcher Zahl du gekommen bist oder ob du den Überblick verloren hast.

Lass das Zählen los. (Pause)

Gegensatzpaare

Beginne nun, Empfindungen im Körper zu manifestieren.

Beginne, das Gefühl von Schwere zu entwickeln.

Jeder Teil deines Körpers wird schwerer und schwerer. Schwer wie Blei.

Spüre, wie das rechte Bein schwer wie Blei wird und in die Fläche unter dir sinkt.

Das linke Bein wird schwerer und schwerer. Es sinkt nach unten ... so schwer, dass du es nicht mehr heben kannst.

Spüre jetzt die Schwere in den Hüften ... im Rücken ... im Brustraum ... Der ganze Oberkörper sinkt in die Fläche unter dir. So schwer.

Die Schultern sinken jetzt ein. Die Schwere breitet sich auf die Arme und die Hände aus. Die Hände sind schwer wie Blei.

Der Kopf ist schwer und sinkt in die Fläche unter dir.

Manifestiere das Gefühl der Schwere im ganzen Körper.

Dein ganzer Körper ist schwer, wie Blei. (Pause)

Lass jetzt das Gefühl der Schwere los.

Lass es vollständig los.

Lass das Gefühl der Schwere in jedem Teil des Körpers los. (Pause)

Erwecke nun das Gefühl der Leichtigkeit in deinem Körper.

Spüre, dass sich jeder Teil des Körpers mit Leichtigkeit füllt, wie ein Heliumballon.

Der Körper wird leichter und leichter.

Das rechte Bein wird leicht und hebt sich.

Das linke Bein füllt sich mit Leichtigkeit und schwebt nach oben.

Der rechte Arm wird immer leichter, hebt sich.

Der linke Arm wird leicht und schwebt nach oben.

Die Hüften und der Rumpf werden leicht, füllen sich wie ein Heliumballon und schweben nach oben.

Und schließlich der Kopf; er füllt sich mit dem Gefühl der Leichtigkeit und schwebt in die Höhe.

Dein ganzer Körper schwebt aufwärts. Leicht wie Luft.

Erlebe die Leichtigkeit im ganzen Körper.

Absolute Leichtigkeit. (Pause)

Lass jetzt das Gefühl der Leichtigkeit los.

Lass zu, dass dein Körper das Gefühl des Schwebens sanft loslässt.

Lass das Gefühl der Leichtigkeit vollständig los. (Pause)

Erkenne, dass du die Empfindungen von Schwere und Leichtigkeit jederzeit nach Belieben manifestieren oder loslassen kannst. (Pause)

Symbole/Innere Bilder

Jetzt beginnt der Prozess des Zugriffs auf das Unterbewusstsein. Die Türen der Kreativität werden geöffnet.

Ich werde eine Reihe von Symbolen nennen. Es können Bilder, Gedanken oder Gefühle auftauchen.

Bleib beim Beobachten. Mühelos.

Beobachte einfach, mit losgelöster Achtsamkeit. (Pause)

Ein weißer Hut (3 Mal wiederholen)

Schale mit Kirschen (3 Mal wiederholen)

Zeitung (3 Mal wiederholen)

Glühende Sonne (3 Mal wiederholen)

Blaue Farbe (3 Mal wiederholen)

Licht, das sich auf dem Wasser spiegelt (3 Mal wiederholen)

Eiswürfel (3 Mal wiederholen)

Haarbürste (3 Mal wiederholen)

Kronleuchter (3 Mal wiederholen)

Regenbogen (3 Mal wiederholen)

(Pause)

Sankalpa

Jetzt ist der perfekte Zeitpunkt, um deinen Vorsatz für den Sommer, deinen Sankalpa, zu wiederholen. Wenn du ihn jetzt mit Gefühl und Achtsamkeit wiederholst, kann er nicht scheitern. Sage dir selbst innerlich:

Ich wechsle auf *wunderbare* Weise in die Jahreszeit des *Handelns*. (Pause)

Ich wechsle auf wunderbare Weise in die Jahreszeit des Handelns. (Pause)

Ich wechsle auf wunderbare Weise in die Jahreszeit des Handelns. (Pause)

Erkenne, dass dein Vorsatz tief in deinem Wesen empfangen wurde und sich bereits manifestiert. Nimm dir einen Moment Zeit, um die Freude darüber zu spüren, dass sich dieser Vorsatz manifestiert hat. (Pause)

Abschluss – Aufmerksamkeit mehr und mehr nach außen richten

Nimm deinen Atem wahr. (Pause)

Dein Körper ruht und atmet ganz von selbst. (Pause)

Höre auf das Geräusch deines atmenden Körpers. (Pause)

Spüre, wie dein Körper atmet. (Pause)

Richte deine Wahrnehmung nach außen.

Nimm den Raum wahr, in dem du dich befindest, den Boden, die Wände, die Decke. Nimm die Geräusche im Raum wahr. (Pause)

Sei dir bewusst, dass die Übung von Yoga Nidra zu Ende geht.

Richte deine Wahrnehmung auf deinen Körper und den Ort, an dem du dich befindest.

Fühle, wie deine Wahrnehmung in deinen Körper zurückkehrt.

Yoga Nidra ist nun beendet. (Pause)

Beginne mit sanften Bewegungen im Körper, wackle mit den Fingern. Wackle mit den Zehen.

Mach jede sanfte Bewegung mit deinem Körper, die sich gut anfühlt. (Pause)

Mach nun größere Bewegungen – bewege deine Füße, Beine, Hände, Arme. Bewege alle Körperteile, die sich melden. Falls du liegst, roll dich auf deine rechte Seite, wenn du bereit bist.

Atme ein paar Mal tief ein und rufe dir alles ins Gedächtnis, was dich heute während deiner Yoga Nidra-Übung berührt hat. (Pause)

Falls du liegst, richte dich langsam zum Sitzen auf. Halte deine Augen geschlossen, wenn du kannst. Nimm dir Zeit, es gibt keinen Grund zur Eile. (Pause)

Sitze bequem, den Rücken so gerade wie möglich.

Atme tief ein ... und lange aus.

Sage dir innerlich ein weiteres Mal:

„Ich wechsle auf wunderbare Weise in die Jahreszeit des Handelns." (Pause)

Zum Schluss chanten wir Om und Shanti, jeweils dreimal.

Om Om Om Shanti Shanti Shanti (Pause)

Halte das Gefühl fest, dass du auf wunderbare Weise in die Jahreszeit der Aktivität wechselst, während du sanft deine Augen öffnest.

Lass deine Augen und deine Wahrnehmung sich wieder auf den Raum und den Rest deines Tages einstellen.

Jahreszeitenwechsel – von Sommer zu Herbst (35 Min.)

Bring dich mit dem Rhythmus der Natur in Einklang und wechsle auf wunderbare Weise von der Jahreszeit des Handelns in die Jahreszeit des Loslassens.

<u>Vorschläge für die Praxis sowie einleitende und abschließende Übungen:</u>

- Da diese Übung dabei hilft, von der Jahreszeit des Handelns in die Jahreszeit des Loslassens zu wechseln, wäre eine langsamere Asana, die dabei hilft, sich tief zu dehnen und Verspannungen zu lösen, eine gute Ergänzung.

- Vorbereitung oder Abschluss mit Anjali Mudra, für die Demut, loszulassen

- Vorbereitung oder Abschluss mit einem Shanti Mantra wie

    Sarvesham svastir bhavatu

    Sarvesham shantir bhavatu

    Sarvesham purnam bhavatu

    Sarvesham mangalam bhavatu

    (Möge Wohlstand für alle sein, möge Frieden für alle sein, möge Fülle für alle sein, möge Glückseligkeit für alle sein.)

Sich achtsam einrichten und zur Ruhe kommen

Such dir einen bequemen Platz zum Hinlegen oder zum Sitzen, unterstützt, falls du lieber sitzt. (Pause)

Bereite dich auf diese Yoga Nidra-Übung vor, die dir helfen soll, auf wunderbare Weise von der Zeit des Handelns in die Zeit des Loslassens zu wechseln. (Pause)

Leg dir ein dünnes Kissen oder eine Decke bequem unter den Kopf. (Pause)

Decke dich mit einer Decke zu, wenn du magst. (Pause)

Schieb alles beiseite, was dir durch den Kopf geht. Es gibt im Moment nichts, was du tun müsstest. Schieb alles beiseite, um dich mit deinem Innersten zu verbinden. (Pause)

Wenn du in Savasana liegst, liegen die Füße hüftbreit auseinander und fallen locker zu den Seiten. Deine Arme sind vom Körper weg und lassen unter den Achseln Platz. Die Handflächen zeigen nach oben. (Pause)

In jeder Position sind die Schultern von den Ohren weg. (Pause)

Überprüfe, ob dein Nacken gerade ausgerichtet ist und sich angenehm anfühlt. (Pause)

Achte auf Unebenheiten an deiner Kleidung, deinem Schmuck oder der Fläche unter dir, die deine Aufmerksamkeit ablenken könnten. Wenn dich etwas stört, bring es jetzt in Ordnung. (Pause)

Überprüfe deinen ganzen Körper. Stell sicher, dass du dich so wohl wie möglich fühlst und dass es nichts gibt, was deine Aufmerksamkeit erregt – nichts, was deine Aufmerksamkeit von dieser Yoga Nidra-Übung ablenken könnte. (lange Pause)

Atme tief ein ... und lange aus.

Atme noch einmal tief ein und spüre beim Ausatmen, wie du zur Ruhe kommst und loslässt.

Jetzt ist es an der Zeit, letzte Veränderungen vorzunehmen, damit du dich rundum wohl fühlst und alles *Tun* aufgeben kannst.

Sei dir bewusst, dass du dich jederzeit bewegen kannst, aber mach es dir so bequem, dass du absolut kein Verlangen danach haben wirst, dich zu bewegen. (Pause)

Beginne, diese Stille zu spüren. Ruhe in dieser Stille. (Pause)

Nimm ferne Geräusche wahr. (lange Pause)

Erlaube deinem Hörsinn, sich auszudehnen und alle Geräusche mühelos und ohne Analyse zu empfangen. Nimm einfach mit mühelosem Bewusstsein wahr. (Pause)

Richte nun dein Gehör auf den Raum. Nimm alle Geräusche im Raum wahr. (Pause)

Höre jetzt auf das leise Geräusch deines eigenen Körpers beim Atmen. (Pause)

Spüre, wie dein Körper zur Ruhe kommt. (Pause)

Nimm die Atmung deines Körpers wahr.

Dein Körper atmet ganz von selbst. (Pause)

Du musst nichts tun.

Du musst dich nicht konzentrieren. Nur mühelos wahrnehmen.

Sage dir innerlich: „Ich werde Yoga Nidra üben." (Pause) „Ich werde wach und achtsam bleiben."

Willkommen zu Yoga Nidra. (Pause)

Sankalpa

Richte deinen Fokus auf den Wechsel zum Herbst und sei dir bewusst, dass der Herbst naht.

Spüre, dass der Herbst naht. (Pause)

Nimm wahr, dass die Bäume ihre Blätter abwerfen, in einem letzten, prachtvollen, großen Finale.

Gib *dir selbst* die Erlaubnis, auch loszulassen. (Pause)

Mach Platz für die neue Schönheit, die schon in den Startlöchern steht. (Pause)

Stell dir vor, wie du mühelos diesem Herbstrhythmus der Natur folgst.

Lass alles los, was du nicht mehr brauchst, mit Anmut und Schönheit. (Pause)

Verabschiede dich von alten Denkweisen oder Gewohnheiten. (Pause)

Lass deinen vollen Terminkalender los und mach Platz für eine wohlverdiente Auszeit. (Pause)

Lass los, ohne *jegliches* Schuldgefühl. (Pause)

Erkenne, dass es ganz natürlich ist, gerade jetzt loszulassen.

Genieße die Freude des Loslassens. Die Freiheit, die Leichtigkeit, die leere Leinwand, auf der du dein nächstes Meisterwerk erschaffen kannst. (Pause)

Stell dir vor, wie du loslässt. Was wirst du loslassen? Einen Gedanken? Ein Gefühl? Eine Gewohnheit? Eine Tätigkeit? Denke nicht nach, sondern fühle in dich hinein. Was würdest du gerne loslassen? (Pause)

Was kommt dir spontan als erstes in den Sinn? (Pause)

Stell dir vor, wie du losgelassen hast. (Pause)

Spüre die Leichtigkeit des Loslassens. (Pause)

Fasse einen Vorsatz, einen Sankalpa, für den Herbst und sage dir jetzt innerlich:

Ich wechsle *auf wunderbare Weise* in die Jahreszeit des *Loslassens*. (Pause)

Ich wechsle auf wunderbare Weise in die Jahreszeit des Loslassens. (Pause)

Ich wechsle auf wunderbare Weise in die Jahreszeit des Loslassens. (Pause)

Kreisen der Wahrnehmung im Körper

Mache jetzt eine Reise durch den Körper und beobachte ihn mit Neugier und müheloser Achtsamkeit.

Lass deine Wahrnehmung von einem Körperteil zum nächsten hüpfen.

Du musst nicht denken. Nimm einfach nur wahr.

Nimm alle Empfindungen, Gedanken und Gefühle wahr, die auftauchen könnten, aber ohne Anhaftung.

Nimm sie wahr und reise einfach weiter.

Lenke deine Wahrnehmung auf den Punkt zwischen deinen Augenbrauen.

Halsgrube

Rechte Schulter

Rechter Ellbogen

Reise mühelos tief in den Körper.

Hinunter zur Mitte des rechten Handgelenks.

Rechter Daumen

Spitze des Zeigefingers

Spitze des Mittelfingers

Spitze des Ringfingers

Spitze des kleinen Fingers

Wieder hoch zum Handgelenk.

Ellbogen

Schulter

Halsgrube

Lenke deine Wahrnehmung zur linken Schulter hinüber.

Hinunter zum linken Ellbogen.

Tief in den Körper, mühelos.

Mitte des linken Handgelenks

Linker Daumen

Spitze des Zeigefingers

Spitze des Mittelfingers

Spitze des Ringfingers

Spitze des kleinen Fingers

Wieder hoch zum Handgelenk.

Ellbogen

Schulter

Halsgrube

Herzzentrum

Rechte Seite des Brustkorbs

Herzzentrum

Linke Seite des Brustkorbs

Herzzentrum

Nabelzentrum

Spitze des Steißbeins

Rechtes Hüftgelenk

Rechtes Kniegelenk

Fußgelenk

Rechter großer Zeh

Spitze des zweiten Zehs

Spitze des dritten Zehs

Spitze des vierten Zehs

Spitze des kleinen Zehs

Wieder hoch zum rechten Fußgelenk.

Kniegelenk

Hüftgelenk

Spitze des Steißbeins

Lenke deine Wahrnehmung zum linken Hüftgelenk.

Linkes Kniegelenk

Fußgelenk

Linker großer Zeh

Spitze des zweiten Zehs

Spitze des dritten Zehs

Spitze des vierten Zehs

Spitze des kleinen Zehs

Wieder hoch zum linken Knöchel.

Kniegelenk

Hüftgelenk

Spitze des Steißbeins

Nabelzentrum

Herzzentrum

Halsgrube

Augenbrauenzentrum

Augenbrauenzentrum

Augenbrauenzentrum (Pause)

Atembeobachtung

Nimm nun deinen Brustkorb wahr.

Nimm wahr, wie dein Körper ganz von selbst atmet.

Dein Brustkorb hebt und senkt sich sanft mit jedem Atemzug. (Pause)

Du musst nichts tun.

Nimm einfach nur wahr. (Pause)

Lenke nun deine Wahrnehmung zu den Nasenlöchern. (Pause)

Verlagere deine Wahrnehmung auf das rechte Nasenloch.

Spüre, wie mit jedem Atemzug, der durch das rechte Nasenloch hereinströmt, Wärme in deinem Körper entsteht. Mit jedem Atemzug, der durch das rechte Nasenloch hereinströmt, wird Wärme im Körper erzeugt. (Pause für ein paar Atemzüge)

Verlagere deine Wahrnehmung auf das linke Nasenloch.

Spüre, wie mit jedem Atemzug, der durch das linke Nasenloch hereinströmt, Kühle in deinem Körper entsteht. Mit jedem Atemzug, der durch das linke Nasenloch einströmt, wird der Körper gekühlt. (Pause für ein paar Atemzüge)

Richte deine Wahrnehmung nun auf beide Nasenlöcher und spüre das Gleichgewicht der beiden Atemströme, die rechts und links einströmen, die den Körper erwärmen und abkühlen. Ausgeglichene Temperatur. (Pause)

Atme jetzt ein paar Mal tief ein, ganz wach und achtsam, und spüre das Gleichgewicht von Wärme und Kühle in deinem Körper. (Pause für ein paar Atemzüge)

Gegensatzpaare

Beginne nun, Empfindungen im Körper zu manifestieren.

Beginne damit, das Gefühl einer frischen Herbstbrise zu spüren, die über deinen ganzen Körper weht.

Spüre, wie die kühle Luft von deinen Zehenspitzen bis zu deinem Kopf und von deinem Kopf bis zu deinen Zehenspitzen weht. (Pause)

Spüre, wie die kühle Luft kälter wird.

Spüre, wie sich dein ganzer Körper von alleine zusammenzieht, sich vor Kälte zusammenzieht – wie die Kälte tief eindringt, bis dein Körper zittert. (Pause)

Die Kälte durchdringt deine Haut ... dein Gewebe ... bis tief in deine Knochen.

Gänsehaut am ganzen Körper. Du zitterst. (Pause)

Spüre den Atem in deinem linken Nasenloch.

Spüre, wie bei jedem Einatmen kalte Luft herein strömt. Spüre das Zusammenziehen des Nasenlochs und das kühlende Gefühl. (Pause)

Mit jedem Einatmen durch das linke Nasenloch wird dein Körper kälter und kälter. (Pause)

Gänsehaut. Frösteln. (Pause)

Spüre die Kälte in allen Teilen deines Körpers – kalte Arme, kalte Beine, kalter Oberkörper, kalter Kopf. Spüre die Kälte in deinem Gesicht – Wangen, Nasenspitze, Stirn, Ohren. Kälte an den Schläfen, im Nacken, Zittern, Kälte im Scheitelbereich des Kopfes.

Kälte, Zittern am ganzen Körper. (Pause)

Lass jetzt das Kältegefühl los.

Lass es vollständig los.

Lass das Gefühl der Kälte im ganzen Körper los. (Pause)

Erkenne, dass du das Gefühl von Kälte in deinem Körper jederzeit nach Belieben loslassen kannst. (Pause)

Manifestiere nun das Gefühl von Hitze im Körper.

Spüre, wie im ganzen Körper Hitze entsteht.

Richte deine Wahrnehmung auf das Nabelzentrum.

Es ist ein Chakra, ein Energiezentrum, in dem du Hitze erzeugen und sie in den ganzen Körper ausstrahlen lassen kannst. (Pause)

Spüre das Nabelzentrum wie ein loderndes Feuer, den intensiv heißen Kern der Sonne. (Pause)

Spüre eine unglaubliche Hitze, die nach außen strömt und deinen ganzen Körper erwärmt, bis hin zu den Spitzen deiner Finger und Zehen. Die Hitze strömt wie Lava aus und durchdringt deinen ganzen Körper. (Pause)

Spüre tief in deinen Knochen die Wärme, die nach außen strömt und sich in alle Richtungen ausbreitet, zu den Muskeln, der Haut, den

Armen und Beinen, den Spitzen der Zehen und Finger, dem Gesicht, den Ohren und dem Scheitel.

Eine Fülle von Hitze im ganzen Körper. (Pause)

So viel Hitze, dass sie nach außen dringt und sogar die Luft um deinen Körper herum erwärmt. Hitzewelle. (Pause)

Du spürst die Hitze in jeder Pore deines Körpers. So viel Hitze, dass der Schweiß aus deinen Poren entweicht. Spüre, wie dein ganzer Körper in Schweiß ausbricht. Die Achseln schwitzen, die Stirn schwitzt, die Augenlider schwitzen, die Handflächen schwitzen, die Fußsohlen sind heiß und schwitzen. Hitze im ganzen Körper. (Pause)

Nimm den Atem in deinem rechten Nasenloch wahr. Nimm bei jedem Ausatmen wahr, wie sich das rechte Nasenloch ausdehnt und wie die Hitze aus dem Nasenloch ausströmt. (Pause)

Entwickle mit jedem Atemzug durch das rechte Nasenloch das Gefühl von Hitze.

Jedes Ein- und Ausatmen durch das rechte Nasenloch verstärkt das Gefühl von Hitze im ganzen Körper. So viel Hitze, dass sie nach außen dringt. Es ist heiß, du schwitzt. (Pause)

Lass jetzt das Hitzegefühl los.

Lass es vollständig los.

Lass das Gefühl von Hitze im ganzen Körper los.

Nimm wahr, dass du die Macht hast, Hitze im Körper zu manifestieren oder loszulassen, wann immer du willst. (Pause)

Nimm dir jetzt einen Moment Zeit, um im Bewusstsein deiner Macht zu ruhen. Du hast die Macht, jede Temperatur zu manifestieren oder loszulassen, wann immer du willst. (Pause)

Symbole/Innere Bilder

Öffne nun die Türen zum intuitiven Wissen. Es steht dir immer zur Verfügung, mühelos. (Pause)

Ich werde eine Reihe von Symbolen nennen. Es können Bilder, Gedanken oder Gefühle auftauchen.

Bleib weiterhin beim Beobachten. Sei mühelos.

Schau einfach zu, mit losgelöster Achtsamkeit.

Du musst nichts tun. (Pause)

Ein Stift und ein Notizbuch (3 Mal wiederholen)

Sonnenaufgang (3 Mal wiederholen)

Rote Äpfel (3 Mal wiederholen)

Strandtuch (3 Mal wiederholen)

Ein Stapel Papiere (3 Mal wiederholen)

Gemüsegarten (3 Mal wiederholen)

Verschneiter Berg (3 Mal wiederholen)

Schüssel mit Reis (3 Mal wiederholen)

Eine flauschige Decke (3 Mal wiederholen)

Sonnenschein durch die Bäume (3 Mal wiederholen)

(Pause)

Sankalpa

Jetzt ist der perfekte Zeitpunkt, um deinen Herbstvorsatz zu wiederholen. Wenn du ihn jetzt mit Gefühl und Bewusstsein wiederholst, kann er nicht scheitern. Sage dir selbst innerlich:

Ich wechsle auf wunderbare Weise in die Jahreszeit des Loslassens. (Pause)

Ich wechsle auf wunderbare Weise in die Jahreszeit des Loslassens. (Pause)

Ich wechsle auf wunderbare Weise in die Jahreszeit des Loslassens. (Pause)

Erkenne, dass dein Vorsatz, dein Sankalpa, tief in deinem Wesen empfangen wurde und sich bereits manifestiert. Nimm dir einen Moment Zeit, um den Frieden zu spüren, den dein manifestierter Vorsatz dir gibt. (lange Pause)

Abschluss – Aufmerksamkeit mehr und mehr nach außen richten

Nimm deinen Atem wahr.

Dein Körper ruht und atmet ganz von selbst. (Pause)

Höre auf das Geräusch deines Körpers beim Atmen. (Pause)

Spüre, wie dein Körper atmet. (Pause)

Richte deine Wahrnehmung nach außen.

Nimm den Raum wahr, in dem du dich befindest, den Boden, die Wände, die Decke. (Pause)

Achte auf die Geräusche im Raum. (Pause)

Sei dir bewusst, dass die Übung von Yoga Nidra zu Ende geht.

Entwickle Bewusstsein für deinen Körper und den Ort, an dem du dich befindest. (Pause)

Spüre, wie deine Wahrnehmung in deinen Körper zurückkehrt.

Yoga Nidra ist nun beendet. (Pause)

Beginne mit sanften Bewegungen im Körper. Wackle mit den Fingern. Wackle mit den Zehen.

Mach jede sanfte Bewegung mit deinem Körper, die sich gut anfühlt. (Pause)

Mach nun größere Bewegungen – bewege deine Füße, Beine, Hände, Arme. Bewege alle Körperteile, die sich melden. (Pause)

Falls du liegst, roll dich auf deine rechte Seite, wenn du bereit bist. (Pause)

Atme ein paar Mal tief durch und integriere deine Yoga Nidra-Erfahrung in deine Alltagserfahrung. (Pause)

Falls du liegst, richte dich langsam zum Sitzen auf. Halte deine Augen geschlossen, wenn du kannst. Nimm dir Zeit, es gibt keinen Grund zur Eile. (Pause)

Sitze bequem, den Rücken so gerade wie möglich.

Atme tief ein ... und lange aus.

Sage dir innerlich ein weiteres Mal:

„Ich wechsle auf wunderbare Weise in die Jahreszeit des Loslassens." (Pause)

Behalte dieses Gefühl bei dir. Zum Schluss singen wir Om und Shanti, jeweils dreimal.

Om Om Om Shanti Shanti Shanti (Pause)

Wenn du bereit bist, öffne sanft deine Augen. Lass deine Augen sich auf den Raum einstellen. Sei dir deiner selbst im Raum bewusst und sei dir deiner Absicht bewusst, auf wunderbare Weise in die Jahreszeit des Loslassens zu wechseln.

Jahreszeitenwechsel – Herbst zu Winter (35 Min.)

Bring dich mit dem Rhythmus der Natur in Einklang und wechsle auf wunderbare Weise von der Jahreszeit des Loslassens in die Jahreszeit der tiefen Besinnung und Ruhe.

<u>Vorschläge für die Praxis sowie einleitende und abschließende Übungen:</u>

- Da diese Yoga Nidra-Praxis für den Übergang in den Winter gedacht ist, wäre eine Prana-stärkende Yogastunde ideal, die sowohl Ruhe als auch Energie spendet. (Für weitere Informationen kannst du dir meinen *Prana Restorative Yoga Course* auf skyhawkyoga.com ansehen.)

- Vorbereitung oder Abschluss mit einer meditativen Mudra wie Chin Mudra oder Hakini Mudra

- Vorbereitung oder Abschluss mit einem Shanti Mantra wie

  Sarvesham svastir bhavatu

  Sarvesham shantir bhavatu

  Sarvesham purnam bhavatu

  Sarvesham mangalam bhavatu

  (Möge Wohlstand für alle sein, möge Frieden für alle sein, möge Fülle für alle sein, möge Glückseligkeit für alle sein.)

Sich achtsam einrichten und zur Ruhe kommen

Such dir einen bequemen Platz zum Hinlegen oder Sitzen, unterstützt, falls du lieber sitzt.

Bereite dich auf deine Yoga Nidra-Übung vor, die sich darauf konzentriert, auf wunderbare und mühelose Weise in die Jahreszeit der Ruhe und Besinnung zu wechseln. (Pause)

Lege ein dünnes Kissen oder eine Decke bequem unter deinen Kopf.

Deck dich mit einer Decke zu, wenn du magst. Tu alles, was du tun musst, um es bequem zu haben. Herrlich bequem. (lange Pause)

Schieb alles beiseite, was dir durch den Kopf geht. Im Moment gibt es nichts, was du tun müsstest. Schieb alles beiseite, um dich mit deinem Innersten zu verbinden. (Pause)

Wenn du in Savasana liegst, liegen die Füße hüftbreit auseinander und fallen locker zu den Seiten. Die Arme sind vom Körper weg und lassen unter den Achseln Platz. Die Handflächen zeigen nach oben.

In jeder Position sind die Schultern von den Ohren entfernt.

Überprüfe, ob dein Nacken gerade ausgerichtet ist und sich angenehm anfühlt. (Pause)

Achte auf Unebenheiten an deiner Kleidung, deinem Schmuck oder dem Boden unter dir, die deine Aufmerksamkeit ablenken könnten.

Wenn du etwas findest, das dich stört, bring es jetzt in Ordnung. (Pause)

Überprüfe deinen ganzen Körper und stell sicher, dass du dich so wohl wie möglich fühlst und dass es nichts gibt, was deine Aufmerksamkeit erregt – nichts, was deine Aufmerksamkeit von der Yoga Nidra-Übung ablenken könnte. (Pause)

Atme tief ein ... und lange aus.

Atme noch einmal tief ein und spüre beim Ausatmen, wie du zur Ruhe kommst und loslässt.

Nimm jetzt bei Bedarf letzte Veränderungen vor, damit du während deiner Yoga Nidra-Übung stillhalten kannst. (Pause)

Vergewissere dich, dass du dich rundum wohl fühlst und alles *Tun* aufgeben kannst.

Sei dir bewusst, dass du dich jederzeit bewegen kannst, aber mach es dir so bequem, dass du absolut kein Verlangen danach haben wirst, dich zu bewegen. (Pause)

Fange an, diese Stille zu spüren. Ruhe in dieser Stille. (Pause)

Nimm ferne Geräusche wahr. (Pause)

Erlaube deinem Hörsinn, sich auszudehnen und alle Geräusche mühelos und ohne Analyse zu empfangen. Nimm einfach mit müheloser Achtsamkeit wahr. (lange Pause)

Richte nun deinen Hörsinn auf den Raum. Nimm die Geräusche im Raum wahr. (Pause)

Höre auf den Klang deines Körpers beim Atmen. (Pause)

Spüre, wie dein Körper ruht. (Pause)

Nimm die Atmung deines Körpers wahr. (Pause)

Dein Körper atmet ganz von selbst. (Pause)

Du musst nichts tun.

Du musst dich nicht konzentrieren. Nur mühelos wahrnehmen. (Pause)

Sag dir innerlich: „Ich werde Yoga Nidra üben." (Pause) „Ich werde wach und achtsam bleiben." (Pause)

Willkommen zu Yoga Nidra. (Pause)

Sankalpa

Richte deinen Fokus auf den Übergang in den Winter. Sei dir bewusst, dass der Winter Einzug hält.

Spüre, dass der Winter Einzug hält.

Die ganze Natur wird im Winter langsamer. Es gibt nichts zu tun, außer zu ruhen.

Die Tiere ruhen, die Pflanzen ruhen, und *du* ruhst auch.

Stell dir vor, wie du mühelos diesem Rhythmus der Natur folgst. (Pause)

Werde langsamer. Ruhe dich für eine Weile aus.

Lass ohne *jegliche* Schuldgefühle das Bedürfnis los, etwas tun zu müssen. (Pause)

Erkenne, dass es völlig natürlich ist, gerade jetzt *nicht* zu *tun*.

Genieße die Freude an der einfachen Ruhe. Genieße die mühelose Ruhe. (Pause)

Erlebe, wie dein Körper verjüngt und geheilt wird, während du ruhst. (Pause)

Ruhe schafft Zeit und Raum zum Nachdenken.

Du ertappst dich dabei, wie du von selbst ins Nachdenken kommst und Aha-Momente erlebst.

Spontane Momente des Nachdenkens.

Ohne Anstrengung.

Wunderbar mühelos.

Fasse einen Vorsatz, einen Sankalpa, für den Winter. Sage dir jetzt innerlich:

Ich wechsle *auf wunderbare Weise* in die Jahreszeit der *Ruhe* und *Besinnung*. (Pause)

Ich wechsle auf wunderbare Weise in die Jahreszeit der Ruhe und Besinnung. (Pause)

Ich wechsle auf wunderbare Weise in die Jahreszeit der Ruhe und Besinnung. (Pause)

Kreisen der Wahrnehmung im Körper

Nun unternimm eine Reise durch deinen Körper und beobachte mit Neugierde und müheloser Wahrnehmung.

Lass deine Wahrnehmung von einem Körperteil zum nächsten hüpfen.

Du musst nicht denken. Nimm einfach nur wahr.

Nimm alle Empfindungen, Gedanken und Gefühle wahr, die auftauchen könnten, aber ohne Anhaftung.

Nimm sie wahr und reise einfach weiter.

Lenke deine Wahrnehmung auf den Punkt zwischen deinen Augenbrauen.

Halsgrube

Rechte Schulter

Rechter Ellbogen

Reise mühelos tief in den Körper.

Hinunter bis zur Mitte des rechten Handgelenks.

Rechter Daumen

Spitze des Zeigefingers

Spitze des Mittelfingers

Spitze des Ringfingers

Spitze des kleinen Fingers

Wieder hoch zum Handgelenk.

Ellbogen

Schulter

Halsgrube

Lenke deine Wahrnehmung zur linken Schulter hinüber.

Hinunter zum linken Ellbogen.

Tief in den Körper, mühelos.

Mitte des linken Handgelenks

Linker Daumen

Spitze des Zeigefingers

Spitze des Mittelfingers

Spitze des Ringfingers

Spitze des kleinen Fingers

Wieder hoch zum Handgelenk.

Ellbogen

Schulter

Halsgrube

Herzzentrum

Rechte Seite des Brustkorbs

Herzzentrum

Linke Seite des Brustkorbs

Herzzentrum

Nabelzentrum

Spitze des Steißbeins

Rechtes Hüftgelenk

Rechtes Kniegelenk

Fußgelenk

Rechter großer Zeh

Spitze des zweiten Zehs

Spitze des dritten Zehs

Spitze des vierten Zehs

Spitze des kleinen Zehs

Wieder hoch zum rechten Fußgelenk.

Kniegelenk

Hüftgelenk

Spitze des Steißbeins

Lenke deine Wahrnehmung zum linken Hüftgelenk.

Linkes Kniegelenk

Fußgelenk

Linker großer Zeh

Spitze des zweiten Zehs

Spitze des dritten Zehs

Spitze des vierten Zehs

Spitze des kleinen Zehs

Wieder hoch zum linken Knöchel.

Kniegelenk

Hüftgelenk

Spitze des Steißbeins

Nabelzentrum

Herzzentrum

Halsgrube

Augenbrauenzentrum

Augenbrauenzentrum

Augenbrauenzentrum

Atembeobachtung

Nimm nun deinen Brustkorb wahr.

Nimm wahr, wie dein Körper ganz von selbst atmet. (Pause)

Dein Brustkorb hebt und senkt sich sanft mit jedem Atemzug.

Du musst nichts tun.

Beobachte einfach.

Wach und achtsam

Richte deine Aufmerksamkeit nun auf deine Nasenlöcher.

Spüre den Atem in den Nasenlöchern. (Pause)

Verlagere deine Aufmerksamkeit auf das rechte Nasenloch.

Spüre, dass mit jedem Atemzug, der durch das rechte Nasenloch hereinströmt, Wärme in deinem Körper entsteht. (3 Atemzüge Pause)

Richte deine Aufmerksamkeit auf das linke Nasenloch.

Spüre, dass mit jedem Atemzug, der durch das linke Nasenloch hereinströmt, Kühle in deinem Körper entsteht. (3 Atemzüge Pause)

Richte deine Aufmerksamkeit nun auf beide Nasenlöcher und spüre das Gleichgewicht der beiden Atemströme, die hereinströmen, rechts und links, wärmend und kühlend. (Pause)

Atme jetzt ein paar Mal tief ein, ganz wach und achtsam, beobachte den Atem in den Nasenlöchern und spüre das Gleichgewicht von Wärme und Kühle in deinem Körper. (3 Atemzüge Pause)

Gegensatzpaare

Beginne nun, Empfindungen im Körper zu manifestieren.

Beginne damit, das Gefühl von frischer, kalter Winterluft auf deinem Gesicht zu spüren ... deinen Armen ... Händen ... Beinen ... Füßen.

Als ob du gerade in einen frostigen Wintertag hinausgetreten wärst.

Spüre, wie die Kälte deine Kleidung durchdringt, von deinen Zehenspitzen bis zu deinem Kopf und von deinem Kopf bis zu den Zehenspitzen. (Pause)

Kalte Luft.

Spüre, wie sich dein ganzer Körper zusammenzieht, vor Kälte zusammenzieht – die Kälte dringt tief ein, bis dein Körper zittert.

Die Kälte durchdringt deine Haut ... dein Gewebe ... bis tief in deine Knochen.

Gänsehaut am ganzen Körper. Du zitterst.

Spüre den Atem in deinem linken Nasenloch.

Spüre, wie bei jedem Einatmen kalte Luft nach innen strömt. Spüre das Zusammenziehen des Nasenlochs und das kühlende Gefühl.

Mit jedem Einatmen durch das linke Nasenloch wird dein Körper kälter und kälter. (Pause)

Gänsehaut. Zittern. (Pause)

Spüre die Kälte in allen Teilen deines Körpers – kalte Arme, kalte Beine, kalter Oberkörper, kalter Kopf. Spüre die Kälte in deinem Gesicht – Wangen, Nasenspitze, Stirn. Kälte an den Schläfen, im Nacken, Zittern, Kälte im Scheitelbereich des Kopfes.

Kälte und Zittern am ganzen Körper. (Pause)

Lass das Gefühl der Kälte jetzt los.

Lass es vollständig los.

Lass das Gefühl der Kälte im ganzen Körper los. (Pause)

Erkenne, dass du das Gefühl von Kälte in deinem Körper jederzeit nach Belieben loslassen kannst. (Pause)

Manifestiere nun das Gefühl von Hitze im Körper.

Spüre, wie im ganzen Körper Hitze entsteht.

Richte deine Aufmerksamkeit auf dein Nabelzentrum.

Es ist ein Chakra, ein Energiezentrum, in dem du Hitze erzeugen und in den ganzen Körper ausstrahlen kannst.

Spüre dein Nabelzentrum wie ein loderndes Feuer, den intensiv heißen Kern der Sonne.

Spüre eine unglaubliche Hitze, die nach außen strahlt und deinen ganzen Körper erwärmt, bis hin zu den Spitzen deiner Finger und Zehen. Die Wärme durchdringt deinen ganzen Körper.

Spüre tief in deinen Knochen die Hitze, die sich in alle Richtungen ausbreitet, zu den Muskeln, der Haut, den Armen und Beinen, den Spitzen der Zehen und Finger, dem Gesicht, den Ohren und zum Scheitel.

Es gibt keinen Mangel an Hitze, sondern eine Fülle von Hitze im ganzen Körper.

So viel, dass sie sich ausbreitet und sogar die Luft um deinen Körper herum erwärmt. Hitzewelle. Du spürst die Hitze in jeder Pore deines Körpers. So viel Hitze, dass der Schweiß versucht, aus deinen Poren zu entweichen. Spüre, wie dein ganzer Körper in Schweiß ausbricht. Die Achseln schwitzen, die Stirn schwitzt, die Augenlider schwitzen, die Handflächen schwitzen, die Fußsohlen sind heiß und schwitzen. Hitze im ganzen Körper. Hitze. Schwitzen. (Pause)

Lass das Hitzegefühl jetzt los.

Lass es vollständig los.

Lass das Gefühl von Hitze im ganzen Körper los. (Pause)

Erkenne, dass du die Macht hast, jederzeit Hitze in deinem Körper zu manifestieren.

Nimm dir jetzt einen Moment Zeit, um im Bewusstsein deiner Macht zu ruhen. Du hast die Macht, jede Temperatur zu manifestieren oder loszulassen, wann immer du willst. (Pause)

Symbole/Innere Bilder

Nun öffne die Türen des intuitiven Wissens. Es steht dir immer zur Verfügung, mühelos.

Ich werde eine Reihe von Symbolen nennen. Bilder, Gedanken oder Gefühle könnten auftauchen.

Bleib weiterhin beim Beobachten. Sei mühelos.

Beobachte einfach, mit losgelöster Achtsamkeit. (Pause)

Ein Taschenbuch (3 Mal wiederholen)

Sternenhimmel (3 Mal wiederholen)

Eine glitzernde Schneewehe (3 Mal wiederholen)

Ein weißer Sandstrand (3 Mal wiederholen)

Ein alter Hut (3 Mal wiederholen)

Bäume wiegen sich im Wind (3 Mal wiederholen)

Ein heißes Bad (3 Mal wiederholen)

Frisch gepresster Saft (3 Mal wiederholen)

Ein flauschiges Kissen (3 Mal wiederholen)

Sonnenschein durch ein Fenster (3 Mal wiederholen)

(Pause)

Sankalpa

Jetzt ist der perfekte Zeitpunkt, um deinen Wintervorsatz zu wiederholen. Wenn du ihn jetzt mit Gefühl und Bewusstsein wiederholst, kann er nicht scheitern. Sag dir selbst innerlich:

Ich wechsle *auf wunderbare Weise* in die Jahreszeit der *Ruhe* und *Besinnung*. (Pause)

Ich wechsle auf wunderbare Weise in die Jahreszeit der Ruhe und Besinnung. (Pause)

Ich wechsle auf wunderbare Weise in die Jahreszeit der Ruhe und Besinnung. (Pause)

Erkenne, dass dein Vorsatz, dein Sankalpa, tief in deinem Wesen empfangen wurde und sich bereits manifestiert. Nimm dir jetzt einen Moment Zeit, um den Frieden zu spüren, den dein manifestierter Vorsatz bewirkt. (2 Minuten Pause)

Abschluss – Aufmerksamkeit mehr und mehr nach außen richten

Nimm deinen Atem wahr.

Dein Körper ruht und atmet ganz von selbst. (Pause)

Höre auf das Geräusch deines Körpers beim Atmen. (Pause)

Spüre, wie dein Körper atmet. (Pause)

Richte deine Wahrnehmung nach außen.

Nimm den Raum wahr, in dem du dich befindest, den Boden, die Wände, die Decke. (Pause)

Horche auf Geräusche im Raum. (Pause)

Sei dir bewusst, dass die Übung von Yoga Nidra zu Ende geht.

Entwickle ein Bewusstsein für deinen Körper und den Ort, an dem du dich befindest.

Spüre, wie deine Wahrnehmung in deinen Körper zurückkehrt.

Yoga Nidra ist nun beendet. (Pause)

Beginne mit sanften Bewegungen im Körper. Wackle mit den Fingern. Wackle mit den Zehen.

Mach jede sanfte Bewegung mit deinem Körper, die sich gut anfühlt. (Pause)

Mach nun größere Bewegungen – bewege deine Füße, Beine, Hände, Arme. Bewege alle Körperteile, die sich melden. (Pause)

Falls du liegst, roll dich auf deine rechte Seite, wenn du bereit bist. (Pause)

Nimm ein paar tiefe Atemzüge und integriere deine Yoga Nidra-Erfahrung in deine Alltagserfahrung. (3 Atemzüge Pause)

Falls du liegst, drücke dich langsam zum Sitzen hoch.

Nimm dir Zeit, es gibt keinen Grund zur Eile. (Pause)

Sitze bequem, Rücken so gerade wie möglich.

Atme tief ein … und lange aus.

Sag dir innerlich ein weiteres Mal:

„Ich wechsle auf wunderbare Weise in die Jahreszeit der Ruhe und Besinnung." (Pause)

Zum Schluss chanten wir Om und Shanti, jeweils dreimal.

Om Om Om Shanti Shanti Shanti (Pause)

Öffne nun langsam die Augen, komm wieder im Raum an und in deinem Tag, mit dem Gefühl, dass du wunderbar und mühelos in die Zeit der Ruhe und Besinnung wechseln kannst.

Selbstliebe (35–40 Min.)

Begrüße, entdecke und schätze die Schichten deines Seins, eine nach der anderen, und entdecke den Frieden dahinter.

Vorschläge für die Praxis sowie einleitende und abschließende Übungen:

- Ein paar Minuten Samputa Mudra als Vorbereitung oder Abschluss geben deinen Übenden die Gelegenheit, elementare Energien auszugleichen, ihre Emotionen zu beruhigen und sich für die Erfahrung ihrer wahren Natur zu öffnen.

- Vorbereitung oder Abschluss mit einem Ganzheitsmantra wie

    Om Purnamadah Purnamidam

    Purnat Purnam Udacyate

    Purnasya Purnamadaya

    Purnamaivavashisyate

    Om Shanti Shanti Shanti

    (Dort ist Ganzheit, ich bin Ganzheit. Aus der Ganzheit wird die Ganzheit. Trennt man Ganzheit von der Ganzheit, verbleibt die Ganzheit.)

Sich achtsam einrichten und zur Ruhe kommen

Mach es dir bequem – leg dich auf den Rücken oder, wenn das nicht bequem ist, auf die Seite. Du kannst auch sitzen, unterstützt.

Vielleicht baust du dir ein gemütliches Nest mit Kissen, Decken, Nackenrollen, Augenkissen – was auch immer dein Körper braucht, um sich in diesem Moment so wohl wie möglich zu fühlen. (lange Pause)

Mach dich bereit, nichts zu tun. (Pause)

Diese Zeit ist nur für dich.

Diese Übung ist nur für dich.

Es gibt kein *Sollen* oder *Nicht-Sollen*.

Du kannst es auf keinen Fall falsch machen.

Hier geht es um dich.

Es ist für dich.

Also mach es dir so bequem, wie du willst, ganz nach Belieben. (Pause)

Passe alles an, was du willst. Auf jede Weise, die du möchtest.

Höre in dich hinein, auf das, was du brauchst. Und erfülle dir diese Bitte.

Du möchtest vielleicht viele Kissen, Decken und Hilfsmittel, vielleicht nur ein paar, vielleicht auch gar keine. Alles ist gleichermaßen willkommen.

Tu, was du tun musst, um dich unterstützt, gehalten und frei zu fühlen und Verspannungen loszulassen. (Pause)

Mach es dir bequem für diese Praxis des *Nicht-Tuns*.

Achte darauf, wie du dich fühlst. Du solltest dich wohlfühlen, aber nicht müde. (Pause)

Wenn du dich müde fühlst, kannst du es etwas weniger warm und etwas weniger dunkel machen.

Du kannst auch deine Kopfhaltung überprüfen. Wenn dein Kinn nach innen zeigt, kann das dein Schlafbedürfnis anregen. Versuche, deinen Kopf in eine neutrale Position zu bringen, in der dein Kinn weder nach oben noch nach unten zeigt, und beobachte, wie sich deine Energie und Wachsamkeit dadurch verändern. Versuche, deinen Kopf in eine Position zu bringen, in der du dich entspannt, aber immer noch wach und nicht schläfrig fühlst. (Pause)

Richte dich so ein, dass du wach und achtsam bleibst und gleichzeitig friedvoll und gelassen. (Pause)

Überprüfe jetzt, ob jeder Körperteil so entspannt ist, wie er nur sein kann. Wenn du dich nicht vollständig entspannen kannst, ist das in Ordnung. Du bist willkommen, so wie du bist. (Pause)

Überprüfe, ob deine Füße und Knöchel so entspannt sind, wie es geht. (Pause)

Waden, Knie und Oberschenkel sind so entspannt wie möglich. (Pause)

Die Hüften sind so entspannt wie möglich. (Pause)

Unterer Rücken, mittlerer Rücken, oberer Rücken entspannen sich. Der ganze Rücken schmilzt. (Pause)

Hände und Arme werden locker. (Pause)

Schultern und Nacken schmelzen, Verspannungen lösen sich auf. (Pause)

Kiefer, Zunge und Wangen werden weicher. (Pause)

Augen, Stirn und Kopfhaut werden weicher. (Pause)

Dein ganzer Körper verschmilzt mit dem Halt der Fläche unter dir. Gehalten von der Fläche unter dir. (Pause)

Es gibt für dich nichts zu tun. (Pause)

Dein Körper wird gehalten und ruht. (Pause)

Deine Achtsamkeit bleibt bestehen. (Pause)

Willkommen zu Yoga Nidra. (Pause)

Kreisen der Wahrnehmung im Körper

Nun beginne damit, Energie durch deinen Körper zu lenken.

Während sich deine Wahrnehmung bewegt, lenkst du Energie von Punkt zu Punkt.

Du kannst es als ein liebevolles Streicheln der Energie erleben. Oder als ein kleines Lächeln für jeden Körperteil auf dem Weg. (Pause)

Erlebe es auf jede beliebige Weise, die sich beruhigend anfühlt. (Pause)

Lenke deine Wahrnehmung zur rechten Hand.

Begrüße den Daumen der rechten Hand.

Zeigefinger

Mittelfinger

Ringfinger

Kleiner Finger

Die Wahrnehmung fließt zum linken Daumen hinüber.

Alle Erfahrungen sind willkommen.

Zeigefinger

Mittelfinger

Ringfinger

Kleiner Finger

Rechtes Handgelenk

Linkes Handgelenk

Rechter Ellbogen

Linker Ellbogen

Wohltuendes Streicheln der Energie

Rechte Schulter

Linke Schulter

Halsgrube

Hinterkopf in der Nähe des Scheitels

Scheitel

Augenbrauenzentrum

Rechte Augenbraue

Linke Augenbraue

Rechtes Auge

Linkes Auge

Rechtes Ohr

Linkes Ohr

Rechte Wange

Linke Wange

Spitze der Nase

Oberlippe

Unterlippe

Spitze des Kinns

Halsgrube

Herzzentrum

Rechte Seite des Brustkorbs

Herzzentrum

Linke Seite des Brustkorbs

Herzzentrum

Nabelzentrum

Spitze des Steißbeins

Rechte Hüfte

Linke Hüfte

Rechtes Knie

Linkes Knie

Schwungvolle Energie

Rechter Knöchel

Linker Knöchel

Rechter großer Zeh

Zweiter Zeh

Dritter Zeh

Vierter Zeh

Kleiner Zeh

Linker großer Zeh

Zweiter Zeh

Dritter Zeh

Vierter Zeh

Kleiner Zeh

Ganze rechte Seite des Körpers

Alles ist willkommen.

Ganze linke Seite des Körpers

Alles ist willkommen.

Ganzer Körper auf einmal

Ganzer Körper auf einmal

Ganzer Körper auf einmal (Pause)

Heiße den ganzen Körper willkommen, alles auf einmal.

Jeder Aspekt deines Körpers ist auf jede Weise willkommen.

Und jetzt lass die Erinnerung an ein schönes Erlebnis in deinem Bewusstsein aufsteigen. Ein schönes Erlebnis. (Pause) Etwas, das dich zum Lächeln gebracht hat. Vielleicht etwas, das du gesehen, gefühlt, geschmeckt oder gerochen hast. Vielleicht auch nur die Leichtigkeit dieses Moments. (Pause)

Bedanke dich bei deinem Körper dafür, dass er es dir ermöglich hat, in diesem Moment da zu sein und diese schöne Erfahrung zu genießen. (Pause)

Bedanke dich bei deinem Körper für all die kleinen Dinge, die er zu deiner Freude, deinem Lernen und deiner Entwicklung in deinem Leben beigetragen hat. (Pause)

Schätze deinen Körper und sei dir bewusst, dass dein Wesen weit über deinen Körper hinausgeht. Erforsche jetzt weiter, über den physischen Körper hinaus, bis hin zum Energiekörper.

Atembeobachtung

Richte deine Wahrnehmung auf deinen Atem. (Pause)

Einfach auf den natürlichen Atem, du musst nichts tun. (Pause)

Der Körper atmet auf wundersame Weise ganz von selbst. (Pause)

Der Körper kümmert sich für dich darum. (Pause)

Nimm den Atem wahr, der durch die Nasenlöcher ein- und ausströmt.

Zwei Luftströme, die sanft ein- und ausströmen. (Pause)

Spüre beim Einatmen, dass du Energie einatmest – vitale Lebenskraft.
(Pause)

Diese vitale Lebenskraft wird Prana genannt. Du atmest Prana ein,
Energie. (Pause)

Während diese Energie einströmt, spüre, wie du sie bis zum
Nabelzentrum hinunterziehst.

Und wenn du ausatmest, spüre, wie sich die Energie in alle Teile des
Energiekörpers ausbreitet.

Atme ein und spüre, wie du die Energie tief ins Nabelzentrum
hineinziehst.

Atme aus und spüre, wie sich die Energie durch ein Netz von
Energiebahnen ausbreitet, wie die Nerven des physischen Körpers.

Atme Energie ein bis hinunter zum Nabelzentrum.

Beim Ausatmen verteilt sich die Energie bis zu den Fingerspitzen, den
Zehen und dem Scheitelpunkt des Kopfes.

Atme ein bis hinunter zum Nabelzentrum.

Atme die Energie in alle Teile deines Energiekörpers aus.

Atme die nächsten paar Atemzüge so weiter, atme Energie ein und verteile sie beim Ausatmen in deinem ganzen Energiekörper.
(30 Sekunden Pause)

Bring deine Achtsamkeit zurück zum Atem, falls sie abgewandert ist.

Energie einatmen, beim Ausatmen die Energie im ganzen Energiekörper verteilen.

Vielleicht hast du das Gefühl, dass der ganze Körper von Energie erfüllt ist. Es pulsiert, vibriert, kribbelt. (Pause)

Erkenne diesen Energiekörper. Einen subtileren Aspekt deines Wesens.

Der Energiekörper belebt alle Aspekte deines Seins und ermöglicht es dir, zu fühlen.

Nimm jedes positive Gefühl in diesem Moment wahr. Vielleicht ein Gefühl von Energie, Frieden, Ausdehnung. Bedanke dich bei deinem Energiekörper dafür, dass er dir erlaubt, dieses positive Gefühl zu spüren. (Pause)

Tauche jetzt weiter in dein Selbst ein. Erforsche weiter. Es gibt noch tiefere Schichten deines Wesens zu entdecken. (Pause)

Symbole/Innere Bilder

Öffne dich jetzt für die Kreativität deines Geistes und den Zugang zur inneren Weisheit. (Pause)

Ich werde eine Reihe von Symbolen nennen.

Es kann sein, dass dein Geist spontan Bilder projiziert oder auch nicht.

Beobachte einfach nur. Als würdest du auf einen Bildschirm schauen.

Bilder oder keine Bilder, es spielt keine Rolle.

Sieh einfach zu, mit losgelöstem Bewusstsein. (Pause)

Ein heller Stern (3 Mal wiederholen)

Ein Papierflugzeug (3 Mal wiederholen)

Frosch in einem Teich (3 Mal wiederholen)

Gelbe Blume (3 Mal wiederholen)

Neblige Berge (3 Mal wiederholen)

Ein Scheffel Äpfel (3 Mal wiederholen)

Wellen auf dem Meer (3 Mal wiederholen)

Kuscheliger Pullover (3 Mal wiederholen)

Rosafarbene Wolken (3 Mal wiederholen)

Sonnenlicht, das durch einen Kristall scheint (3 Mal wiederholen)

(Pause)

Nimm dir jetzt einen Moment Zeit, um deinem Geist für alle angenehmen, kreativen oder aufschlussreichen Erfahrungen zu danken, die sich ergeben haben. (Pause)

Dein Geist ist ein subtiler und nützlicher Teil deines Wesens, und doch gibt es da noch mehr in deinem Selbst.

Der tiefste Teil deines Selbst ist immer da.

Er ist sich jeder Erfahrung bewusst.

Er ist immer präsent.

Er ist präsent, wenn du deinen physischen Körper erlebst. Präsent, wenn der Körper sich ausruht.

Präsent, wenn du den Energiekörper erlebst. Und wenn du den Energiekörper nicht erlebst.

Präsent in der Erfahrung des Geistes. Und selbst wenn der Geist ruht, wie im Tiefschlaf.

Es gibt einen roten Faden, der bleibt. Die Essenz deines Wesens.

Das *Bewusstsein.* (Pause)

Jenseits von Körper, Energie und Geist bist du Bewusstsein.

Reines Bewusstsein, ohne jegliche Fesseln.

Unbeeinflusst von jedem Zustand von Körper, Energie oder Geist.

Ewig, friedlich und frei. (Pause)

Deine Essenz ist Frieden.

Du bist Frieden.

Du selbst bist, wonach du die ganze Zeit gesucht hast. Du selbst bist, wonach du die ganze Zeit gesucht hast. (Pause)

Ruhe jetzt in der erhabenen Schönheit, die du bist, in dem Frieden, der du bist.

Du in deiner tiefsten Essenz.

Reines Bewusstsein.

Ewig friedlich und frei. (4–10 Min. Pause)

Abschluss – Aufmerksamkeit mehr und mehr nach außen richten

Ommmmmm Ommmmmm Ommmmmm

Bring deine Wahrnehmung zurück zu deinem Atem. Nimm die Atmung deines Körpers wahr. Spüre, wie dein Körper atmet. (Pause)

Nimm dir einen Moment Zeit, um das *Nicht-Tun* deiner Atmung zu genießen. (Pause)

Atme jetzt tief ein. Spüre, wie Energie und Bewusstsein in deinen Körper zurückkehren. (Pause)

Yoga Nidra ist nun beendet. (Pause)

Nimm einen weiteren Atemzug. (Pause)

Wenn du Lust hast, sanfte Bewegungen im Körper zu machen, dann mach sie. (Pause)

Wenn du Lust hast, größere Bewegungen zu machen, dann mach sie. (Pause)

Höre in dich hinein und bewege dich, wann und wie du willst. (Pause)

Wenn du magst, nimm dir einen Moment Zeit, um dich an deine Erfahrung zu erinnern. (Pause)

Was nimmst du aus deiner heutigen Erfahrung mit? (Pause)

Erinnere dich noch einmal daran, dass *du selbst* es bist, wonach du die ganze Zeit gesucht hast. (Pause)

Setz dich aufrecht hin.

Halte die Augen geschlossen, wenn du kannst.

Spüre, wie die Energie nach oben steigt, während du sitzt. (Pause)

Spüre, wie sich dein Körper aktiviert.

Wie sich dein Geist aktiviert.

Bleib aber dennoch entspannt.

Möglicherweise fühlst du dich mehr mit dir verbunden als zu Beginn. (Pause)

Vielleicht friedvoller.

Nimm dir einen Moment Zeit, um jede positive Erfahrung aus deiner heutigen Yoga Nidra-Übung zu genießen. (Pause)

Bedanke dich bei dir selbst dafür, dass du hier bist. (Pause)

Danke dir, dass du dir diese Zeit für dich genommen hast. (Pause)

Zum Schluss singe ich Om und Shanti, jeweils dreimal. Mach mit, wenn du magst, und bemerke, wie deine Energie mit dem Singen zunimmt.

Om Om Om Shanti Shanti Shanti (Pause)

Öffne langsam die Augen und nimm jede positive Erfahrung aus deiner Übung mit in den Rest deines Tages.

Prana-Heilung (35–40 Min.)

Erkunde die Tiefen des physischen und energetischen Körpers, erkenne die Empfindungen oder Erfahrungen blockierter Energie und sende Energie in diese Bereiche, um sie auf einer tiefen Ebene zu heilen.

** Dies ist kein Ersatz für eine angemessene medizinische Versorgung durch eine ärztliche Fachperson.*

<u>Vorschläge für die Praxis sowie einleitende und abschließende Übungen:</u>

- Bereite deine Teilnehmenden mit Asanas oder funktionellen Bewegungen vor, die ihre Wirbelsäule in alle Richtungen bewegen – vorwärts, rückwärts, drehend, zur Seite und wenn möglich als Umkehrhaltungen.

- Vorbereitung oder Abschluss mit einigen Minuten Samana Mudra, um das Prana und die elementaren Energien zu beruhigen, zu besänftigen und auszugleichen.

- Vorbereitung oder Abschluss mit einem Prana-spendenden Mantra wie

    Om Haum Joom Saha

Sich achtsam einrichten und zur Ruhe kommen

Liege bequem oder sitze aufrecht, unterstützt.

Falls du liegst, lege ein dünnes Kissen oder eine Decke unter deinen Kopf, um ihn zu stützen, aber dünn genug, dass dein Kopf gerade ausgerichtet bleibt.

Deck dich mit einer Decke zu, wenn du möchtest.

Mach es dir bequem für diese Yoga Nidra-Übung, die die Heilung auf energetischer Ebene anregt. (Pause)

Wenn du in Savasana liegst, liegen die Füße hüftbreit auseinander und fallen locker zu den Seiten. Deine Arme sind vom Körper weg und lassen unter den Achseln Platz. Die Handflächen zeigen nach oben. (Pause)

In jeder Position sind die Schultern von den Ohren weg. (Pause)

Vergewissere dich, dass dein Kopf und Nacken es bequem haben und gerade ausgerichtet sind. (Pause)

Überprüfe, ob alles so ist, wie es sein soll. Nimm alle erforderlichen Veränderungen vor. (Pause)

Mach es deinem ganzen Körper so bequem wie möglich. (Pause)

Spüre den Halt, den dir die Fläche unter dir gibt. Lass dich von ihr halten, während du dich ganz der Schwerkraft überlässt. (Pause)

Lass dich von dem sicheren Halt tragen. (Pause)

Atme tief ein ... und lass beim Ausatmen alles los, was du glaubst, jetzt tun zu müssen. (Pause)

Es gibt nichts, was du tun musst. Nichts, woran du denken musst. Schieb alles beiseite. (Pause)

Richte deine gesamte Achtsamkeit nach innen. (Pause)

Atme ein und fühle dich in diesem Moment präsent.

Atme aus und lass alles los, was außerhalb dieses Augenblicks liegt.

Atme ein und fühle dich in diesem Moment präsent.

Atme aus und lass alles los, was außerhalb von hier und jetzt ist. (Pause)

Nimm deinen Körper wahr. Nimm deinen ganzen Körper wahr, vom Scheitel bis zu den Zehenspitzen und von den Zehenspitzen bis zum Scheitel.

Spüre die Stille in deinem ganzen Körper. (Pause)

Du kannst deinen Körper jederzeit bewegen, aber mach es dir so bequem, dass du kein Verlangen danach haben wirst, dich zu bewegen. (Pause)

Lass dich in diesen Komfort fallen.

Absoluter Komfort.

Stille.

Mühelosigkeit. (Pause)

Wach und achtsam.

Willkommen zu Yoga Nidra. (Pause)

Sankalpa

Richte deine Aufmerksamkeit auf deinen Körper.

Deinen ganzen Körper.

Spüre deinen ganzen Körper auf einmal. (Pause)

Spüre, wie dein ganzer Körper atmet. (Pause)

Spüre, dass beim Atmen ein Energieaustausch stattfindet, von außen nach innen. (Pause)

Erlebe deinen Körper als ein Energiefeld, das Energie abgibt und aufnimmt. (Pause)

Diese Energie wird als Prana bezeichnet. Sie ist der Schlüssel zu deiner Vitalität. Und der Schlüssel zu deiner Heilung.

In dieser Yoga Nidra-Übung wirst du tief im Energiekörper erkunden.

Überprüfe genau jetzt mental deinen Körper, physisch oder energetisch, und nimm alle Bereiche wahr, die sich träge, blockiert oder „grau" anfühlen. (Pause)

Dies sind Bereiche, in denen das Prana, die Energie, nicht frei fließt.

Teile dir jetzt innerlich folgende Absicht mit: „Prana fließt frei und heilt mich". (Pause)

Spüre, dass es wahr ist, schon in diesem Moment.

„Prana fließt frei und heilt mich." (Pause)

Noch einmal, mit der Gewissheit, dass diese Absicht bereits Wirklichkeit wird.

„Prana fließt frei und heilt mich." (Pause)

Spüre, dass du diese Aussage verinnerlicht hast und sie bereits von innen heraus ihre Wirkung entfaltet. (Pause)

Kreisen der Wahrnehmung im Körper

Bring nun deine Wahrnehmung tief in deinen physischen Körper hinein.

Erkunde den ganzen Körper, von Punkt zu Punkt.

Lenke deine Wahrnehmung ungehindert von einem Körperteil zum nächsten.

Bleibe nicht an einem Punkt hängen.

Du musst dich nicht konzentrieren, nicht denken, nicht analysieren.

Bewege deine Wahrnehmung einfach schnell und frei weiter.

Beginne mit der rechten Seite deines Körpers.

Nimm die rechte Hand wahr.

Rechter Daumen der rechten Hand

Zeigefinger

Mittelfinger

Ringfinger

Kleiner Finger

Handfläche

Handrücken

Handgelenk

Unterarm

Ellbogen

Oberarm

Schulter

Achselhöhle

Rechte Seite der Rippen

Rechte Seite der Taille

Hüfte

Oberschenkel

Knie

Unterschenkel

Knöchel

Ferse

Fußsohle

Fußrücken

Rechter großer Zeh

Zweiter Zeh

Dritter Zeh

Vierter Zeh

Fünfter Zeh

Die Wahrnehmung bewegt sich ungehindert weiter.

Lenke die Wahrnehmung zur linken Körperseite.

Nimm die linke Hand wahr.

Daumen der linken Hand

Zeigefinger

Mittelfinger

Ringfinger

Kleiner Finger

Handfläche

Handrücken

Handgelenk

Unterarm

Ellbogen

Oberarm

Schulter

Achselhöhle

Linke Seite der Rippen

Linke Seite der Taille

Hüfte

Oberschenkel

Knie

Unterschenkel

Knöchel

Ferse

Fußsohle

Fußrücken

Linker großer Zeh

Zweiter Zeh

Dritter Zeh

Vierter Zeh

Fünfter Zeh

Wach und achtsam

Gehe zum Scheitelpunkt des Kopfes.

Scheitelpunkt des Kopfes

Stirn

Rechte Schläfe

Linke Schläfe

Rechte Augenbraue

Linke Augenbraue

Augenbrauenzentrum

Schnelles Lenken der Wahrnehmung

Rechtes Auge

Linkes Auge

Rechtes Ohr

Linkes Ohr

Rechte Wange

Linke Wange

Rechtes Nasenloch

Linkes Nasenloch

Oberlippe

Unterlippe

Kinn

Kehlkopfzentrum

Rechtes Schlüsselbein

Linkes Schlüsselbein

Rechte Seite des Brustkorbs

Linke Seite des Brustkorbs

Herzzentrum

Nabel

Unterbauch

Becken

Wahrnehmung zur Rückseite des Körpers lenken.

Rechte Pobacke

Linke Pobacke

Unterer Rücken

Mittlerer Rücken

Oberer Rücken

Rechtes Schulterblatt

Linkes Schulterblatt

Rückseite des Halses

Hinterkopf

Scheitelpunkt des Kopfes

Lenke deine Wahrnehmung nach unten zum ganzen rechten Bein.

Ganzes linkes Bein

Beide Beine auf einmal

Ganzer Oberkörper

Ganzer rechter Arm

Ganzer linker Arm

Hals

Kopf

Ganze Vorderseite des Körpers

Ganze Rückseite des Körpers

Nimm den ganzen Körper auf einmal wahr.

Ganzer Körper auf einmal

Ganzer Körper auf einmal (lange Pause)

Spüre den Körper als ein Energiefeld.

Gleich beginnt eine energetische Reise.

Ich werde mehrere Körperteile nennen.

Nimm sie energetisch und nicht physisch wahr.

Beginne damit, deine Wahrnehmung auf den Punkt zwischen deinen
Augenbrauen zu richten

Energetische Wahrnehmung des Punktes zwischen den Augenbrauen

Mühelos.

Halsgrube

Gehe tief nach innen, zur Mitte des rechten Schultergelenks.

Lenke deine Wahrnehmung durch das Mark des Armknochens hinunter zum Ellbogengelenk.

Durch die Mitte der Unterarmknochen hinunter zum Handgelenk.

Energetisches Erleben.

Jede Erfahrung ist willkommen.

Rechter Daumen

Spitze des Zeigefingers

Spitze des Mittelfingers

Spitze des Ringfingers

Spitze des kleinen Fingers

Alle Erfahrungen und Empfindungen sind willkommen.

Handgelenk

Ellbogengelenk

Schultergelenk

Halsgrube

Hinüber zum linken Schultergelenk

Die Wahrnehmung geht tief, durch das Knochenmark des linken Oberarmknochens.

Nach unten, zum Ellbogengelenk.

Nach unten, zum Handgelenk.

Du nimmst vielleicht Vibrationen, Licht oder Farben wahr.

Linker Daumen

Spitze des Zeigefingers

Spitze des Mittelfingers

Spitze des Ringfingers

Spitze des kleinen Fingers

Wieder hoch zum Handgelenk.

Ellbogengelenk

Schultergelenk

Halsgrube

Herzzentrum

Rechte Seite des Brustkorbs

Herzzentrum

Linke Seite des Brustkorbs

Herzzentrum

Nabelzentrum

Spitze des Steißbeins

Rechtes Hüftgelenk

Durch das Mark des rechten Oberschenkelknochens zum Kniegelenk.

Nach unten, zum Fußgelenk.

Rechter großer Zeh

Spitze des zweiten Zehs

Spitze des dritten Zehs

Spitze des vierten Zehs

Spitze des kleinen Zehs

Zurück zum rechten Fußgelenk.

Kniegelenk

Hüftgelenk

Spitze des Steißbeins

Schnelles Lenken der Wahrnehmung zum linken Hüftgelenk

Durch das Mark des linken Oberschenkelknochens hinunter zum Kniegelenk.

Nach unten, zum Fußgelenk.

Linker großer Zeh

Spitze des zweiten Zehs

Spitze des dritten Zehs

Spitze des vierten Zehs

Spitze des kleinen Zehs

Zurück bis zum linken Fußgelenk.

Kniegelenk

Hüftgelenk

Spitze des Steißbeins

Energetisch wahrnehmen.

Nabelzentrum (Pause)

Herzzentrum (Pause)

Halsgrube (Pause)

Augenbrauenzentrum

Augenbrauenzentrum

Augenbrauenzentrum (Pause)

Vollständige Wahrnehmung des gesamten Energiekörpers.

Des gesamten Energiekörpers.

Des gesamten Energiekörpers. (Pause)

Atembeobachtung

Spüre, wie der ganze Körper atmet.

Der ganze Körper ist von Prana erfüllt. Von vitaler Lebenskraft. Von Energie.

Überprüfe deinen Körper mental, physisch oder energetisch und nimm jeden einzelnen Bereich wahr, der sich träge, angespannt, „grau", blockiert oder in irgendeiner Weise nicht optimal anfühlt. (lange Pause)

Es ist wichtig, immer nur einen Bereich zu wählen.

Wenn du deine ungeteilte Aufmerksamkeit auf diesen einen Bereich richtest, bringst du Energie hinein.

Wo das Bewusstsein hingeht, fließt Prana. (Pause)

Bleibe mit deiner Aufmerksamkeit bei diesem Bereich, aber erlaube deinem Bewusstsein, sich zu zerstreuen.

Weniger fokussiert, eher diffus, wie eine Wolke aus Bewusstsein und nicht wie ein Punkt. (Pause)

Spüre, dass mit der Ausbreitung deines Bewusstseins auch der Bereich der Anspannung oder Trägheit verschwindet und sich auflöst. (Pause)

Anspannung, Blockade oder Trägheit bricht auf. Löst sich auf. (lange Pause)

Tiefe, entspannte Atemzüge nehmen.

Mühelose Aufmerksamkeit auf den Körperteil richten.

Aufgelöst. Blockade löst sich auf.

Atme auf diese Weise noch ein paar Atemzüge weiter. (Pause für einige Atemzüge)

Wenn du magst, lenke deine Aufmerksamkeit jetzt auf einen weiteren Bereich, der Heilung braucht.

Wenn es keinen anderen Bereich gibt, bleibe mit deiner Aufmerksamkeit auf dem ersten Fokusbereich oder bringe deine Aufmerksamkeit ins Herzzentrum. (Pause)

Müheloses, energetisches Bewusstsein.

Diffus wie eine Wolke.

Nimm jetzt mehrere tiefe Atemzüge und spüre, wie dein Bewusstsein die Spannung, Trägheit oder Energieblockade auflöst. (Pause für mehrere Atemzüge)

Sankalpa

Verteile dein Bewusstsein jetzt noch mehr.

Verteile dein Bewusstsein auf deinen gesamten Energiekörper auf einmal. (Pause)

Spüre deinen Energiekörper als ein Netzwerk von Bahnen, das Energie anzieht, sie umherbewegt und jegliche Blockaden durchbricht. (Pause)

Wiederhole innerlich noch einmal: „Prana fließt frei und heilt mich". (Pause)

Spüre, dass es wahr ist.

„Prana fließt frei und heilt mich." (Pause)

Wiederhole es innerlich, noch einmal, mit Gewissheit.

„Prana fließt frei und heilt mich." (Pause)

Erkenne, dass diese Aussage jetzt in einem tiefen Teil deines Wesens verankert ist, wo Gedanken zu Wirklichkeit werden.

Ruhe dich nun für die nächsten Minuten in dem friedvollen Gefühl von frei fließendem Prana aus. (2–7 Minuten Pause)

Abschluss – Aufmerksamkeit mehr und mehr nach außen richten

Ommmmmmmm

Nimm deinen Atem wahr.

Nimm wahr, dass dein Körper atmet. (Pause)

Stell dir bildlich vor, wie du ruhst und atmest. (Pause)

Spüre, wie sich dein Bauch und dein Brustkorb mit jedem Atemzug heben und senken. (Pause)

Spüre, wie du durch die Nasenlöcher atmest. (Pause)

Spüre, wie dein Körper ruht und von der Fläche unter dir getragen wird. (Pause)

Nimm die Beschaffenheit von Stoffen auf deiner Haut wahr. (Pause)

Nimm deinen physischen Körper wahr. (Pause)

Richte deine Wahrnehmung nach außen.

Atme tief ein und lenke deine Wahrnehmung zurück in deinen Körper. (Pause)

Yoga Nidra ist nun beendet. (Pause)

Wackle mit deinen Fingern und Zehen.

Dehne oder bewege deinen Körper nach Belieben.

Spüre, wie Energie in jeden Körperteil fließt, während du dich bewegst. (Pause)

Falls du liegst, roll dich auf deine rechte Seite, wenn du bereit bist.

Atme ein paar Mal tief durch und wiederhole innerlich noch einmal: „Prana fließt frei und heilt mich." Spüre diese Aussage mit deinem ganzen Wesen. (Pause)

Falls du liegst, richte dich zum Sitzen auf. Halte deine Augen geschlossen, wenn du kannst. Nimm dir so viel Zeit, wie du brauchst. (Pause)

Setz dich auf, Rücken so gerade wie möglich, Scheitel hebt sich zur Zimmerdecke.

Atme ein paar Mal tief ein und spüre, wie die Energie aufsteigt. (Pause)

Zum Schluss chanten wir Om und Shanti, jeweils dreimal.

Spüre, wie die Energie in dir aufsteigt, während du chantest.

Om Om Om Shanti Shanti Shanti (Pause)

Und schließlich, wenn du bereit bist, öffne langsam und sanft deine Augen.

Komm zurück in den Raum, zurück in deinen Tag, erfrischt und in Frieden.

Kristallstrand (35–40 Min.)

Reise zu einem faszinierenden privaten Strand und entdecke das Geschenk, das er dir zu bieten hat.

<u>Vorschläge für die Praxis sowie einleitende und abschließende Übungen:</u>

- Beende die Stunde mit ein paar Minuten Yoni Mudra, um die Energien auszugleichen und Prana in den Körper zu leiten.
- Vorbereitung oder Abschluss mit einem pranaspendenden Mantra wie Om Haum Joom Saha

Sich achtsam einrichten und zur Ruhe kommen

Mach dich bereit für deine Yoga Nidra-Übung.

Dies ist deine Zeit, um dich auszuruhen, um dich wiederzuverbinden und um zu entdecken.

Bau dir ein bequemes Ruhenest, wie auch immer das aussehen mag.

Du kannst in Savasana auf dem Rücken liegen, dich auf die Seite legen oder aufrecht sitzen, unterstützt. Was auch immer für dich am besten ist – gib dir die Erlaubnis, es zu tun. (Pause)

Vielleicht hast du ein Kissen unter deinem Kopf, eine Decke über dir, flauschige Socken – was auch immer dir hilft, dich so wohl wie möglich zu fühlen.

Mach es dir so bequem wie möglich, damit du dich voll und ganz unterstützt fühlst und Verspannungen lösen kannst. (Pause)

Wenn du möchtest, kannst du deine Augen mit einem leichten Augenkissen oder einem Schal bedecken.

Falls du beim Ruhen Verspannungen in deinem Rücken spürst, leg ein Kissen, eine zusammengerollte Decke oder eine Nackenrolle unter deine Knie.

Tu alles, was du tun musst, um es dir so richtig bequem zu machen. (Pause)

Überprüfe, ob deine Beine es bequem haben ... ob dein Rücken es bequem hat ... ob deine Arme es bequem haben ... ob deine Schultern es bequem haben ... dein Nacken es bequem hat ... dein Gesicht ... ob dein ganzer Körper es bequem hat, so bequem wie nur möglich. (Pause)

Nimm jetzt bei Bedarf letzte Veränderungen vor, damit du dich rundum wohlfühlst. (Pause)

Spüre, wie dein Körper in den Halt unter dir sinkt.

Dein Körper wird vollständig gehalten und lässt sich mühelos in einen Zustand des Friedens fallen.

Dein Körper sinkt mühelos in einen Zustand des *Nicht-Tuns*. (Pause)

Es gibt nichts zu tun.

Lass das *Tun* los.

Wechsle ins *Sein*. (Pause)

Spüre, wie dein Körper Anspannungen loslässt, während du ihm die süße Erlaubnis gibst, nichts zu tun.

Spüre, wie dein Körper bei der Gelegenheit, nichts zu tun, wohlig seufzt ... ahhhhhh. (Pause)

Lass das *Tun* los.

Wechsle ins *Sein*. (Pause)

Dies ist die Gelegenheit, auf die dein Körper gewartet hat.

Die Gelegenheit, sich zu entspannen und zu erneuern, in einem Zustand der völligen Leichtigkeit.

Nimm das Gefühl wahr, wie dein Körper die Anspannung in den Schultern loslässt.

Im Rücken ... in den Armen ... in den Beinen ... im Gesicht.

Dein Körper lässt die Anspannung vollständig los. (Pause)

Dein Körper ist ruhig und entspannt.

Nimm diesen friedlichen Zustand des *Nicht-Tuns* mühelos wahr. (Pause)

Erlaube deiner Wahrnehmung jetzt, sich auf den Klang des Atems zu konzentrieren. Höre genau auf dieses sanfte Geräusch des Körpers, der von selbst atmet. (Pause)

Spüre die Stille deines Körpers. Dein Körper kann sich jederzeit bewegen, wenn du es brauchst, aber wenn du es nicht brauchst, tauche in den Frieden der Stille ein. (Pause)

Der Körper ruht, während das Bewusstsein sich bewegt und erforscht.

Wach.

Achtsam.

Mühelos. (Pause)

Willkommen zu Yoga Nidra. (Pause)

Sankalpa

Wenn du nun einen Sankalpa, einen Herzensbeschluss, fassen möchtest, lass ihn in deinem Bewusstsein aufsteigen.

Erlaube deinem Sankalpa, aufzusteigen. (Pause)

Sieh deutlich, wie sich dein Sankalpa manifestiert. (Pause)

Spüre energetisch, wie sich dein Sankalpa manifestiert. (Pause)

Und nun wiederhole deinen Sankalpa innerlich, dreimal, mit absoluter Gewissheit und Gefühl. (Pause)

Fühle mit Gewissheit, dass dein Sankalpa empfangen wurde. (Pause)

Es gibt nichts, was du tun musst. Dein Sankalpa wird bereits manifestiert. (Pause)

Kreisen der Wahrnehmung im Körper

Nun lenke deine Wahrnehmung auf deinen Körper.

Lenke deine Wahrnehmung ungehindert von Punkt zu Punkt.

Du musst dich nicht konzentrieren oder analysieren.

Lenke einfach deine Wahrnehmung schnell und frei durch deinen Körper.

Beginne damit, deine Wahrnehmung zur rechten Seite deines Körpers zu lenken.

Nimm die rechte Hand wahr.

Rechter Daumen der rechten Hand

Zeigefinger

Mittelfinger

Ringfinger

Kleiner Finger

Handfläche

Handrücken

Handgelenk

Die Wahrnehmung bewegt sich ungehindert.

Rechter Unterarm

Ellenbogen

Oberarm

Schulter

Achselhöhle

Rechte Seite der Rippen

Rechte Seite der Taille

Rechte Hüfte

Oberschenkel

Knie

Unterschenkel

Knöchel

Ferse

Fußsohle

Oberseite des Fußes

Rechter großer Zeh

Zweiter Zeh

Dritter Zeh

Vierter Zeh

Fünfter Zeh

Wach und achtsam

Lenke deine Wahrnehmung zügig zur linken Seite deines Körpers.

Nimm deine linke Hand wahr.

Linker Daumen der linken Hand

Zeigefinger

Mittelfinger

Ringfinger

Kleiner Finger

Handfläche

Handrücken

Handgelenk

Deine Wahrnehmung bewegt sich ungehindert und zügig.

Linker Unterarm

Ellenbogen

Oberarm

Schulter

Achselhöhle

Linke Seite der Rippen

Linke Seite der Taille

Linke Hüfte

Oberschenkel

Knie

Unterschenkel

Knöchel

Ferse

Fußsohle

Fußrücken

Linker großer Zeh

Zweiter Zeh

Dritter Zeh

Vierter Zeh

Fünfter Zeh

Lenke deine Wahrnehmung zügig zum Scheitelpunkt des Kopfes.

Scheitelpunkt des Kopfes

Stirn

Rechte Schläfe

Linke Schläfe

Rechte Augenbraue

Linke Augenbraue

Augenbrauenzentrum

Rechtes Auge

Linkes Auge

Rechtes Ohr

Linkes Ohr

Rechte Wange

Linke Wange

Rechtes Nasenloch

Linkes Nasenloch

Oberlippe

Unterlippe

Kinn

Kehlkopfmitte

Rechtes Schlüsselbein

Linkes Schlüsselbein

Rechte Seite des Brustkorbs

Linke Seite des Brustkorbs

Herzzentrum

Nabel

Unterbauch

Becken

Lenke deine Wahrnehmung zügig zum hinteren Teil deines Körpers.

Rechte Pobacke

Linke Pobacke

Unterer Rücken

Mittlerer Rücken

Oberer Rücken

Rechtes Schulterblatt

Linkes Schulterblatt

Rückseite des Halses

Hinterkopf

Scheitelpunkt des Kopfes

Lenke deine Wahrnehmung nach unten zum ganzen rechten Bein.

Ganzes linkes Bein

Beide Beine auf einmal

Ganzer Oberkörper

Ganzer rechter Arm

Ganzer linker Arm

Nacken

Kopf

Ganze Vorderseite des Körpers

Ganze Rückseite des Körpers

Werde dir des ganzen Körpers auf einmal bewusst.

Ganzer Körper auf einmal

Ganzer Körper auf einmal (lange Pause)

Vielleicht bemerkst du an dieser Stelle, dass sich dein Selbstgefühl erweitert, während sich dein Bewusstsein auf den ganzen Körper ausdehnt.

Vielleicht weitet sich dein Bewusstsein zu einem Feld des Seins aus. (Pause)

Atembeobachtung/Innere Bilder

Nimm dieses Feld des Seins wahr, oder den ganzen Körper, der atmet.

Das ganze Selbst, das atmet. (Pause)

Einatmen, kosmische Energie aufnehmen.

Ausatmen, Anspannungen loslassen.

Einatmen, Energie aufnehmen.

Erschöpfung ausatmen.

Und wenn es sich gut anfühlt, atme Licht ein – strahlend und energetisierend.

Atme alles aus, was du loslassen musst, wie dunklen Rauch, der dein Wesen verlässt.

Atme strahlendes Licht ein.

Atme alles aus, was du loslassen musst, wie dunklen Rauch, der sich sofort verflüchtigt.

Wir nehmen uns jetzt eine Minute Zeit, um zu atmen. Du kannst normal atmen oder, wenn es sich gut anfühlt, weiterhin energetisierendes Licht einatmen und alles ausatmen, was du loslassen musst, wie dunklen Rauch, der sich sofort auflöst. (1 Minute Pause)

Fantasiereise

Kehre jetzt zur normalen Atmung zurück.

Beobachte einfach deine natürliche Atmung. (Pause)

Gleich beginnt eine Reise.

Während dein Körper sicher und bequem ruht, ist dein Bewusstsein frei, zu erkunden. (Pause)

Du kannst dein Bewusstsein jederzeit in deinen Körper zurückbringen.

Du kannst deinem Bewusstsein auch erlauben, zu erkunden, wenn du willst.

Dein Bewusstsein kann reisen, wohin du willst und wie du willst.

Wenn du also möchtest, erlaube deinem Bewusstsein, eine Reise zu einem atemberaubend schönen, warmen, abgelegenen Strand zu erwägen. Du bist die einzige Person, die diesen Strand kennt und die einzige Person, die dorthin gelangen kann. Es ist dein eigener schöner Strand. Völlig privat und nur für dich. (Pause)

Wenn du magst, erlaube deinem Bewusstsein, jetzt aus dem Zimmer zu fliegen und sich in die Lüfte zu schwingen, auf dem Weg zu deinem Privatstrand. Als Bewusstsein bist du völlig frei. Du kannst jederzeit in deinen Körper zurückkehren. Fliege so, wie du willst, zu deinem schönen, warmen Privatstrand.

Nimm während des Fluges den Anblick (Pause), die Geräusche (Pause), vielleicht die Gerüche (Pause) und deine Empfindungen wahr. (Pause)

Du merkst, dass du deinem Strand näher kommst.

Du kannst ihn in der Ferne sehen.

Du bist fast da. (Pause)

Und jetzt setzt du endlich deinen Fuß auf deinen schönen Strand.

Du stellst fest, dass der Strand atemberaubend ist.

Die Umgebung ... das Wasser ... und auch der Sand selbst.

All das ist atemberaubend, und du fühlst dich hier vollkommen wohl.

Vor allem der Sand zieht deine Aufmerksamkeit auf sich.

Er glitzert.

Du schaust dir die Sandkörner ganz genau an und stellst fest, dass sie alle Kristalle sind.

Amethyst, Quarz, Jade, Citrin ...

Kristalle in allen Farben. Sie glänzen und funkeln.

Du kannst ihre Energie spüren. Alles, was du brauchst, ist hier für dich. Heilende Energie für jeden Aspekt deines Seins. Kraftvolle, heilende Energie.

Nimm dir jetzt ein paar Minuten Zeit, um dich in diesem Kristallsand auszuruhen.

Ruhe dich einfach aus. (Pause)

Kuschle dich richtig ein und fühle dich von diesen kraftvollen, heilenden Kristallen um dich herum gehalten. (Pause)

Nimm in den nächsten Minuten alles in dich auf, was diese wunderschönen, kraftvollen Kristalle dir zu geben haben. (4–10 Min. Pause)

Sankalpa

Du ruhst im Sand, eingekuschelt.

Du ruhst in funkelnden, kraftvollen Kristallen.

Und jetzt, im Komfort dieses heilenden Kristallsandes, an deinem wunderschönen Privatstrand nur für dich, erlaube deinem Sankalpa, deinem tiefempfundenen Vorsatz, in deinem Bewusstsein aufzusteigen.

Lass das mit deinem Sankalpa verbundene Gefühl aufsteigen. (Pause)

Wiederhole deinen Sankalpa dreimal, mit Gefühl und Gewissheit. (Pause)

Erkenne, dass alles, was du brauchst, hier ist, in dir.

Dein Sankalpa wird bereits manifestiert.

Bereite dich darauf vor, den Strand zu verlassen, aber wenn du möchtest, schreibe deinen Sankalpa in den Sand, bevor du gehst. Schreibe deinen Sankalpa in diesen Sand aus kraftvollen Kristallen. (Pause)

Während du dich auf den Rückweg machst, betrachte den in den Sand geschriebenen Sankalpa ein weiteres Mal. (Pause)

Verabschiede dich von deinem Strand und mach dir bewusst, dass du jederzeit zu ihm zurückkehren kannst. (Pause)

Fliege noch einmal auf in den blauen Himmel und nimm denselben Weg zurück wie vorher. Nimm wieder die gleichen Gerüche wahr ... die gleichen Geräusche ... die gleiche Aussicht. (Pause)

Du nimmst wahr, dass du wieder näher an den Raum herankommst, in dem dein Körper ganz friedlich ruht.

Du kommst näher und näher.

Du kannst deinen Körper jetzt sehen. Du siehst, wie er friedlich ruht.

Bring dein Bewusstsein zurück in deinen Körper.

Abschluss – Aufmerksamkeit mehr und mehr nach außen richten

Bring dein Bewusstsein zurück in deinen Körper und nimm wahr, wie der Atem durch die Nasenlöcher ein- und ausströmt. (Pause)

Nimm wahr, wie sich dein Brustkorb mit jedem Atemzug hebt und senkt. (Pause)

Achte auf den Klang deines Atems. (Pause)

Yoga Nidra ist nun beendet. (Pause)

Nimm jetzt ein paar tiefe Atemzüge und spüre, wie die Empfindungen in deinen Körper zurückkehren. (Pause)

Wackle mit deinen Fingern und Zehen. Spüre, wie die Energie wie ein elektrischer Strom in deinen Körper zurückkehrt.

Dehne oder bewege deinen Körper nach Belieben. Spüre, wie die Energie durch jeden Körperteil fließt, während du dich bewegst. (Pause)

Falls du liegst, roll dich auf deine rechte Seite, wenn du bereit bist. Atme ein paar Mal tief durch und wiederhole innerlich noch einmal deinen Sankalpa. (Pause) Spüre, wie er dein ganzes Wesen ausfüllt. (Pause)

Erinnere dich an dein Erlebnis an deinem wunderschönen Kristallstrand. Was würdest du gerne aus deiner heutigen Erfahrung mitnehmen? (Pause)

Falls du liegst, richte dich zum Sitzen auf.

Halte deine Augen geschlossen, wenn du kannst.

Nimm dir so viel Zeit, wie du brauchst. (Pause)

Setze dich auf, Rücken so gerade wie möglich, Scheitel hebt sich zur Decke.

Atme ein paar Mal tief ein und spüre, wie die Energie aufsteigt. (Pause)

Und schließlich, wenn du bereit bist, öffne sanft und langsam deine Augen. Bring dein Bewusstsein zurück in den Raum, zurück in deinen Tag, erfrischt, voller Leben und in Frieden. (Pause)

Nimm den Raum um dich herum wahr und sei dir deiner selbst darin bewusst. (Pause)

Schließe noch einmal die Augen. Wir beenden die Übung damit, dass wir jeweils dreimal Om und Shanti chanten.

Spüre, wie die Energie in dir aufsteigt, während du chantest.

Om Om Om Shanti Shanti Shanti (Pause)

Wenn du bereit bist, öffne deine Augen und trage alle positiven Eindrücke aus deiner Yoga Nidra-Erfahrung in den Rest deines Tages.

Treibendes Blatt (35–40 Min.)

Komm zur Ruhe und lass dich auf dieser entspannenden Reise entlang eines Bergbachs von deinem Geistführer leiten.

<u>Vorschläge für die Praxis sowie einleitende und abschließende Übungen:</u>

- Diese Yoga Nidra-Übung setzt Vertrautheit mit dem Konzept von Sankalpa voraus. Wenn deine Teilnehmenden noch nichts über Sankalpa wissen, erkläre es ihnen zunächst oder führe sie am besten durch die *Geführte Sankalpa-Entdeckung.*
- Vorbereitung mit ein paar Minuten Hakini Mudra, um die Gehirnhälften zu verbinden und die Intuition zu verbessern
- Vorbereitung oder Abschluss mit dem universellen Mantra, *Om*

Sich achtsam einrichten und zur Ruhe kommen

Mach dich bereit für deine Yoga Nidra-Übung.

Bereite dich darauf vor, dich bequem hinzulegen oder zu sitzen, unterstützt.

Bau dir ein bequemes Ruhenest.

Ein Kissen unter deinem Kopf, eine Decke, die dich bedeckt, flauschige Socken – was auch immer dir hilft, dich so wohl wie möglich zu fühlen, damit du dich in eine tiefe Entspannung fallen lassen kannst.

Wenn du magst, kannst du deine Augen mit einem leichten Augenkissen oder Schal bedecken.

Falls du dich hinlegst und Verspannungen im Rücken spürst, leg ein Kissen, eine zusammengerollte Decke oder eine Nackenrolle unter deine Knie.

Tu, was du tun musst, um es dir so richtig bequem zu machen. (Pause)

Wenn du in Savasana auf dem Rücken liegst, liegen die Füße hüftbreit auseinander, die Arme vom Körper weg, die Schultern von den Ohren weg, die Handflächen zeigen nach oben.

Überprüfe, ob du dich wohl fühlst.

Nimm Veränderungen vor, falls nötig. (Pause)

Nimm jetzt letzte Veränderungen vor, um dich vollkommen wohlzufühlen. (Pause)

Spüre, wie dein Körper in den Halt unter dir sinkt.

Dein Körper wird vollständig gehalten und lässt sich mühelos in einen Zustand des Friedens fallen.

Dein Körper sinkt mühelos in einen Zustand des *Nicht-Tuns*.

Es gibt nichts zu tun.

Lass das *Tun* los.

Wechsle ins *Sein*.

Spüre, wie dein Körper Anspannungen loslässt, während du ihm die süße Erlaubnis gibst, nichts zu tun.

Spüre, wie dein Körper die Gelegenheit zum Nichtstun mit einem Seufzer begrüßt ... *ahhhhhhh*. (Pause)

Dies ist die Gelegenheit, auf die dein Körper gewartet hat.

Die Gelegenheit, sich zu entspannen und zu erneuern. In einem Zustand der völligen Leichtigkeit.

Nimm wahr, wie dein Körper die Anspannung in den Schultern loslässt.

Die Anspannung im Rücken loslässt.

In den Armen. (Pause)

In den Beinen. (Pause)

Im Gesicht. (Pause)

Alle Anspannung loslässt.

Dein Körper ist ruhig und entspannt.

Frei, in diesem köstlichen Zustand des *Nicht-Tuns*.

Erlaube deiner Wahrnehmung jetzt, sich auf den Klang deines Atems zu konzentrieren.

Höre genau auf diesen sanften Klang deines Körpers, der ganz von selbst atmet.

Sieh zu, wie dein Körper ganz von selbst atmet. Sieh zu, als würdest du ihn von oben beobachten.

Sieh zu, wie dein Körper ausruht, in völliger Stille und Frieden, während dein Bewusstsein wach und bereit ist, deine Yoga Nidra-Übung zu beginnen.

Dein Körper ruht, während dein Bewusstsein sich bewegt und erforscht.

Wach.

Achtsam.

Mühelos.

Willkommen zu Yoga Nidra. (Pause)

Sankalpa

Jetzt ist es an der Zeit, den Samen deines Sankalpas zu pflanzen.

Erlaube deinem Sankalpa, in deinem Bewusstsein aufzusteigen.

Erlaube dem mit deinem Sankalpa verbundenen Gefühl, aufzusteigen. (Pause)

Sieh deinen Sankalpa, deinen tiefempfundenen Vorsatz, deutlich manifestiert. (Pause)

Spüre energetisch, wie sich *dein* Sankalpa manifestiert. (Pause)

Und nun wiederhole deinen Sankalpa innerlich, dreimal, mit absoluter Gewissheit und Gefühl. (Pause)

Spüre mit Gewissheit, dass dein Sankalpa gepflanzt wurde.

Erkenne, dass er bereits begonnen hat, zum Leben zu erwachen. (Pause)

Kreisen der Wahrnehmung im Körper

Lenke deine Wahrnehmung jetzt tief in deinen Körper hinein.

Erlebe ihn energetisch und nicht physisch.

Ich werde mehrere Körperpunkte erwähnen. Sie bilden energetische Bahnen.

Lass deine Wahrnehmung ungehindert von einem zum nächsten wandern. Du musst dich nicht konzentrieren. Lenke einfach nur deine Wahrnehmung.

Wenn Empfindungen oder Erfahrungen auftauchen, nimm sie einfach zur Kenntnis und mach weiter.

Beginne mit der mühelosen Wahrnehmung des Punktes zwischen deinen Augenbrauen.

Mühelose Wahrnehmung des Punktes zwischen den Augenbrauen.

Halsgrube

Deine Wahrnehmung bewegt sich ungehindert und ungebunden.

Rechtes Schultergelenk

Ellbogengelenk

Handgelenk

Rechter Daumen

Spitze des Zeigefingers

Spitze des Mittelfingers

Spitze des Ringfingers

Spitze des kleinen Fingers

Energetisch wahrnehmen.

Handgelenk

Ellbogengelenk

Schultergelenk

Halsgrube

Hinüber zum linken Schultergelenk.

Ellenbogengelenk

Handgelenk

Linker Daumen

Spitze des Zeigefingers

Spitze des Mittelfingers

Spitze des Ringfingers

Spitze des kleinen Fingers

Wieder hoch zum Handgelenk.

Ellbogengelenk

Schultergelenk

Halsgrube

Herzzentrum

Rechte Seite des Brustkorbs

Herzzentrum

Linke Seite des Brustkorbs

Herzzentrum

Nabelzentrum

Spitze des Steißbeins

Rechtes Hüftgelenk

Rechtes Kniegelenk

Fußgelenk

Rechter großer Zeh

Spitze des zweiten Zehs

Spitze des dritten Zehs

Spitze des vierten Zehs

Spitze des kleinen Zehs

Wieder hoch zum rechten Fußgelenk.

Kniegelenk

Hüftgelenk

Spitze des Steißbeins

Lenke deine Wahrnehmung zügig zum linken Hüftgelenk.

Linkes Kniegelenk

Fußgelenk

Linker großer Zeh

Spitze des zweiten Zehs

Spitze des dritten Zehs

Spitze des vierten Zehs

Spitze des kleinen Zehs

Wieder hoch zum linken Fußgelenk.

Kniegelenk

Hüftgelenk

Spitze des Steißbeins

Nabelzentrum

Herzzentrum

Halsgrube

Augenbrauenzentrum

Augenbrauenzentrum

Augenbrauenzentrum (Pause)

Atembeobachtung

Nimm jetzt deinen Atem in den Nasenlöchern wahr. Einfach so, wie er ist. Du musst nichts tun.

Nimm einfach deinen Atem wahr.

Nimm wahr, wie der Atem wie zwei Ströme durch die Nasenlöcher hereinströmt.

Spüre, wie die Ströme am Boden der Nasenlöcher hereinströmen.

Und spüre, wie der Atem hinausströmt.

Luftströme, die am Boden der Nasengänge hereinströmen.

Und Luftströme, die hinausströmen.

Lenke deine Aufmerksamkeit auf dein rechtes Nasenloch.

Folge dem Einatmen durch dein rechtes Nasenloch und spüre beim Ausatmen, wie die Luft durch dein linkes Nasenloch hinausströmt.

Halte die Aufmerksamkeit beim Einatmen auf dem linken Nasenloch und spüre beim Ausatmen, wie der Atem durch das rechte Nasenloch hinausströmt.

Mentale Wechselatmung mit jeweils nur einem Nasenloch.

Atme durch das rechte ein.

Atme durch das linke aus.

Atme durch das linke ein.

Atme durch das rechte aus.

Atme durch das rechte ein, zähle 1.

Atme durch das linke aus, zähle 2.

Atme durch das linke ein, zähle 3.

Atme durch das rechte aus, zähle 4.

Zähle weiter, bis 54.

Wenn du den Überblick verlierst, fang wieder an. (2 Minuten Pause) (sag nach einer Minute: „Wach und achtsam.")

Lass das Zählen jetzt los. Es spielt keine Rolle, bis zu welcher Zahl du gekommen bist oder ob die Gedanken abgeschweift sind. Lass das Zählen los.

Fantasiereise

Bring deine Wahrnehmung wieder tief in deinen Körper.

Spüre, wie dein ganzer Körper atmet.

Atem strömt herein und strömt hinaus, durch jede Pore.

Energie fließt herein und hinaus. (Pause)

Spüre dich selbst als ein pulsierendes Energiefeld. (Pause)

Verlagere deine Wahrnehmung so, dass du deinen Körper von oben siehst.

Sieh, wie dein Körper friedlich ausruht.

Dein Körper ruht entspannt in diesem Raum.

Sei dir bewusst, dass du deine Wahrnehmung jederzeit in den Körper zurückbringen kannst, aber fühle dich frei, jetzt in deinem Astralkörper zu forschen. Deinem Energiekörper.

Du kannst dich in deinem Astralkörper bewegen, wie du willst, und gehen, wohin du willst.

Du bist völlig frei. (Pause)

Nimm dir einen Moment Zeit, um diese Freiheit zu genießen. Bewege dich so, wie du willst. Reise dorthin, wohin du willst.

Sei dir bewusst, dass dein Körper sicher und friedlich ausruht und du bald wieder in deinen Körper zurückkehren wirst. (1 Minute Pause)

Halte nun für einen Moment inne und mache dich bereit für eine Reise an einen wunderbaren Ort.

Spüre, wie du über das Land fliegst. In der Ferne siehst du majestätische, smaragdgrüne Berge. (Pause)

Du fliegst eine Zeit lang auf sie zu. (Pause)

Während du näher kommst und über die Bergkette fliegst, bemerkst du die Schönheit der Bäume. Es sind Nadelbäume und Laubbäume. Erhaben und schön. (Pause)

Weit und breit ist kein Mensch zu sehen. Nur du und die Natur. In deinem Astralkörper kannst du dich frei bewegen, ganz nach Belieben. (Pause)

Du siehst einen Bach in einem Tal.

Du fliegst auf diesen Bach zu.

Als du näher kommst, siehst du ein Blatt, das mühelos auf dem sanft fließenden Bach treibt. Wunderbar mühelos. (Pause)

Du schrumpfst auf die Größe eines Marienkäfers und landest sanft auf dem Blatt. (Pause)

Du setzt dich auf ein breites, glänzend grünes Blatt. (Pause)

Das Blatt wird vom Sonnenlicht erwärmt und wirkt sehr einladend. (Pause)

Du legst dich hin. Während du liegst, siehst du den weiten blauen Himmel über dir, mit ein paar weißen Schäfchenwolken. Du bemerkst eine Wolke in der Form deines Lieblingstieres. Es bringt dich zum Lächeln. (Pause)

Du spürst die sanfte Strömung des Baches unter dir, die dich mühelos vorwärts treibt.

Dein Herz schwillt an vor Dankbarkeit für dieses unglaubliche und ruhige Schwebeerlebnis, das nur für dich bestimmt ist. (Pause)

Du legst dich auf deine Seite und genießt den Blick auf das Ufer, während du vorbeitreibst.

Du siehst viele Arten von Laub und Blumen – in den malerischsten Farben.

Dein Blatt bleibt für einen Moment an einem Felsen hängen und unterbricht deine Reise. Du stößt dich wieder ab und die Strömung des Flusses trägt dich wieder vorwärts.

Dein Blatt treibt jetzt nahe am Ufer und du schaust auf das Wasser.

Dies ist ein sehr ruhiger Teil des Wasserlaufs und du bewegst dich immer noch, aber jetzt langsam.

Die Wasseroberfläche ist so glatt wie Glas. Sie spiegelt die Felsen und Pflanzen am Ufer kristallklar wider.

In diesem Moment erscheint plötzlich das Spiegelbild deines Geistführers. (Pause)

Du schaust auf und siehst deinen Geistführer am Ufer stehen. (Pause)

Du greifst nach einem Baumstamm in der Nähe und legst mit deinem Blatt an, damit du diesen besonderen Moment der Begegnung mit deinem Geistführer genießen kannst.

Nimm dir jetzt einen Moment Zeit, um deinen Geistführer alles zu fragen, was du möchtest. Du kannst mit deinem Geistführer sprechen und jede Führung erhalten, die du möchtest. (1 Minute Pause)

Sankalpa

Sage nun deinem Geistführer deinen Sankalpa. Wiederhole ihn jetzt dreimal in Gegenwart deines Geistführers, mit vollem Gefühl und Bewusstsein.

Spüre, dass dein Sankalpa jetzt tief in deinem Wesen genährt wird.

In der Gegenwart deines Geistführers kommt dein Sankalpa tief aus deinem Inneren hervor und erblüht im Herzzentrum wie eine strahlende Blume. (Pause)

Wenn du möchtest, kannst du die Blume deinem Geistführer schenken, denn eine weitere Blume, ganz und gar wie die erste, erblüht in deinem Herzzentrum. (Pause)

Bedanke dich bei deinem Geistführer für die Führung. Dein Geistführer lässt sich zur Meditation auf einem glatten Felsen nieder. Du bleibst am Baumstamm angedockt und bereitest dich ebenfalls auf die Meditation vor. (lange Pause)

Bring deine Wahrnehmung tief in dein Herzzentrum. Tief in die Stille dort.

Geh tief, tief in diese Stille hinein.

Geh tief in diese Stille hinein.

Verweile hier mit vollem Bewusstsein für die nächsten paar Minuten. (2–7 Minuten Pause)

Abschluss – Aufmerksamkeit mehr und mehr nach außen richten

Ommmmmmmm

Lenke deine Aufmerksamkeit zum Herzzentrum, falls deine Gedanken abgeschweift sind.

Es ist an der Zeit, dich von deinem Geistführer zu verabschieden. Auch dein Geistführer hat seine Meditation beendet.

Verabschiede dich und danke deinem Geistführer noch einmal. (Pause)

Du hebst von deinem am Baumstamm angedockten Blatt ab und fliegst hoch in den Himmel.

Du fliegst aus dem Tal hinauf, über die Bergkette, zurück über die Landschaft, über die du zuvor geflogen bist.

Du kehrst zurück in das Gebäude, in dem sich dein Körper befindet. Zurück in den Raum.

Du siehst deinen Körper immer noch friedlich ausruhen. Wunderbar entspannt.

Du bringst deinen Energiekörper zurück in deinen physischen Körper.

Dein Astralkörper ist wieder in deinem physischen Körper.

Du beginnst, Empfindungen im physischen Körper wahrzunehmen.

Nimm wahr, wie sich dein Brustkorb mit jedem Atemzug hebt und senkt.

Spüre, wie sich dein Brustkorb mit jedem Atemzug hebt und senkt.

Yoga Nidra ist nun beendet. (Pause)

Nimm jetzt ein paar tiefe Atemzüge und spüre, wie das Gefühl in deinen Körper zurückkehrt. (Pause)

Wackle mit deinen Fingern und Zehen.

Spüre, wie die Energie wie ein elektrischer Strom in deinen Körper zurückkehrt.

Dehne oder bewege deinen Körper nach Belieben. Spüre, wie die Energie durch jeden Körperteil fließt, während du dich bewegst. (Pause)

Falls du liegst, roll dich auf deine rechte Seite, wenn du bereit bist.

Atme ein paar Mal tief durch und wiederhole innerlich noch einmal deinen Sankalpa. (Pause) Spüre, wie er dein ganzes Wesen ausfüllt. (Pause)

Erinnere dich an deine Erfahrung auf dem treibenden Blatt und an die Führung durch deinen Geistführer. (Pause)

Falls du liegst, richte dich zum Sitzen auf.

Halte deine Augen geschlossen, wenn du kannst.

Nimm dir so viel Zeit, wie du brauchst. (Pause)

Setz dich auf, Rücken so gerade wie möglich, Scheitel hebt sich zur Decke.

Atme ein paar Mal tief ein und spüre, wie die Energie aufsteigt. (Pause)

Und schließlich, wenn du bereit bist, öffne sanft und langsam deine Augen.

Bring dein Bewusstsein zurück in den Raum, zurück in deinen Tag, erfrischt und in Frieden.

Nimm ein paar Atemzüge mit sanft fokussierten Augen und nimm den Raum um dich herum wahr, während du dir deiner selbst in ihm bewusst bist. (Pause)

Schließe noch einmal deine Augen. Zum Abschluss chanten wir jeweils dreimal Om und Shanti.

Spüre, wie die Energie in dir aufsteigt, während du chantest.

Om Om Om Shanti Shanti Shanti (Pause)

Öffne langsam die Augen, bringe dein Bewusstsein zurück in den Raum und trage alle positiven Gefühle aus deiner Übung in deinen Tag hinein.

Tanzende Ranken (40–45 Min.)

Rankpflanzen greifen nach dem Sonnenlicht – sie erkunden, ändern ihre Wuchsrichtung, passen sich an, wenn es nötig ist, und genießen ständig neue Erfahrungen und Perspektiven. Auf ihrem ganzen Weg tanzen sie im Licht. Wo zeigt sich das Sonnenlicht in deinem Leben? Höre auf deine Intuition und beginne jetzt, dich in diese Richtung zu bewegen.

<u>Vorschläge für die Praxis sowie einleitende und abschließende Übungen:</u>

- Diese Übung setzt eine gewisse Vertrautheit mit dem Konzept des Sankalpas, des tiefgehenden Vorsatzes, voraus. Beginne mit einer kurzen Erklärung von Sankalpa.

- Beginn oder Abschluss mit dem Halten der Hridaya Mudra für herzzentrierte Furchtlosigkeit

- Vorbereitung oder Abschluss mit einem Shanti Mantra wie

    Sarvesham svastir bhavatu

    Sarvesham shantir bhavatu

    Sarvesham purnam bhavatu

    Sarvesham mangalam bhavatu

    (Möge Wohlstand für alle sein, möge Frieden für alle sein, möge Fülle für alle sein, möge Glückseligkeit für alle sein.)

Sich achtsam einrichten und zur Ruhe kommen

Leg dich bequem hin – auf den Rücken, die Seite oder den Bauch. Oder sitze aufrecht, unterstützt.

Jede Position ist in Ordnung. Gestreckt, eingerollt, das spielt keine Rolle.

Höre auf deinen Körper und wähle die Position, die dir in diesem Moment für deine Yoga Nidra-Übung am besten passt. Für diese Übung, in der du wie eine Ranke fließend im Licht tanzt. (Pause)

Nimm dir ein Kissen oder eine Decke als Polster für deinen Kopf.

Deck dich mit einer Decke zu, wenn du magst.

Vielleicht möchtest du ein Kissen oder eine Decke umarmen.

Vielleicht auch ein Augenkissen, um deine Augen zu beruhigen.

Hör einfach zu und reagiere auf den Ruf. (Pause)

Worum bittet dein Körper in diesem Moment? Was wird dir helfen, dich freier zu fühlen? (Pause)

Stütze und positioniere dich genau so, wie du es gerade möchtest. (lange Pause)

Während dieser Übung kannst du deinen Körper jederzeit bewegen, aber mach es dir so bequem, dass du dich gar nicht bewegen wollen wirst. (Pause)

Überprüfe, ob alles so ist, wie es sein soll. (Pause)

Überprüfe, ob deine Füße es bequem haben. (Pause)

Ob deine Beine es bequem haben. (Pause)

Ob deine Hüften es bequem haben. (Pause)

Rücken. (Pause)

Arme und Hände. (Pause)

Schultern. (Pause)

Nacken. (Pause)

Kiefer, Zunge, Stirn. (Pause)

Mach es deinem ganzen Körper so bequem wie möglich. (Pause)

Spüre, wie du durch die Fläche unter dir gehalten wirst. Lass dich ganz von ihr halten. (Pause)

Komm zur Ruhe und lass dich von der Erde tragen, indem du feste, tiefe Wurzeln schlägst.

Feste, tiefe Wurzeln, die dir die Freiheit geben, weit und breit zu erkunden. (Pause)

Feste, tiefe Wurzeln. Von der Erde gehalten. Bedingungslos. (Pause)

Atme tief ein … und lass beim Ausatmen alles los, was du glaubst, jetzt tun zu müssen. (Pause)

Es gibt nichts, was du tun musst. Nichts, worüber du nachdenken musst. Schieb alles beiseite. (Pause)

Dein Körper kommt zur Ruhe. (Pause)

Deine Aufmerksamkeit richtet sich nach innen. (Pause)

Atme ein und fühle dich in diesem Moment präsent.

Atme aus und lass alles los, was außerhalb dieses Augenblicks liegt.

Atme ein und fühle dich in diesem Moment präsent.

Atme aus und lass alles los, was außerhalb von hier und jetzt ist. (Pause)

Erlaube deinem Hörsinn, sich auszudehnen und Geräusche zu empfangen, ohne sie zu analysieren. Nimm einfach objektiv wahr. Nimm alle Geräusche wahr. (Pause)

Die entferntesten Geräusche (Pause)

Nahe Geräusche (Pause)

Vielleicht sogar die Geräusche in deinem eigenen Körper. Das Geräusch deines eigenen Atems. (Pause)

Nimm deinen Körper wahr. Nimm deinen ganzen Körper wahr, vom Scheitel bis zu den Zehen und von den Zehen bis zum Scheitel.

Sei dir bewusst, dass dein Körper bequem ruht. (Pause)

Spüre die Stille in deinem Körper.

Wenn du dich zu irgendeinem Zeitpunkt bewegen musst, dann bewege dich.

Ansonsten kannst du zur Ruhe kommen und den Komfort genießen.

Du kannst zur Ruhe kommen und dich verwurzeln. (Pause)

Du kannst deinen Körper ruhen lassen. (Pause)

In absolutem Komfort.

Ganz wie du magst.

Nur für dich.

Mühelos. (Pause)

Dein Körper ruht, während dein Bewusstsein frei umherwandern kann.

Willkommen zu Yoga Nidra. (Pause)

Sankalpa

Wenn du möchtest, kannst du nun das freudige Gefühl deines Sankalpas aufsteigen lassen.

Wenn du noch keinen Sankalpa hast oder wie eine Ranke erforschen willst, dann lass eine „Ich bin"-Aussage entstehen, die dich mit Freude erfüllt.

Zum Beispiel: „Ich bin lebendig", „Ich bin im Überfluss", oder „Ich bin frei". Was auch immer *deine Seele bewegt*. Du musst nicht denken, du musst nur fühlen. Beende diese Aussage: „Ich bin ..." (lange Pause)

Ist dir etwas aufgefallen? Hat dich irgendetwas erleuchtet?

Denke nicht zu viel darüber nach. Nimm es an. Dieser kleine Sonnenstrahl ist dein perfekter nächster Schritt nach vorne.

Wenn dir nichts eingefallen ist, kannst du dir sagen: „Ich bin lebendig", „Ich bin im Überfluss" oder „Ich bin frei".

Fühle deinen Sankalpa wirklich, stell ihn dir bildhaft vor – so deutlich, wie du kannst. (Pause)

Wenn das Gefühl da ist, kann es gar nicht anders als sich zu manifestieren.

Sprich deinen Sankalpa jetzt innerlich aus, dreimal, mit Klarheit und Gefühl. (Pause)

Kreisen der Wahrnehmung im Körper

Nun beginnen wir mit der Belebung des Körpers mit Energie.

Ich werde mehrere energetische Punkte nennen.

Lass deine Wahrnehmung ungehindert von Punkt zu Punkt wandern.

Lass deine Wahrnehmung vielleicht von Punkt zu Punkt *tanzen*, wie eine zarte Ranke aus Licht oder Farbe.

Deine Wahrnehmung tanzt wie eine sanfte Ranke aus Licht oder Farbe. (Pause)

Beginne mit der Wahrnehmung des rechten Daumens der Hand.

Energetische Wahrnehmung des rechten Daumens.

Nun der linke Daumen.

Rechtes Handgelenk

Linkes Handgelenk

Rechter Ellbogen

Linker Ellbogen

Tanzend wie eine Ranke aus Licht oder Farbe.

Rechte Schulter

Linke Schulter

Halsgrube

Hinterkopf in der Nähe des Scheitels

Scheitel

Augenbrauenzentrum

Rechte Augenbraue

Linke Augenbraue

Rechtes Auge

Linkes Auge

Rechtes Ohr

Linkes Ohr

Rechte Wange

Linke Wange

Spitze der Nase

Oberlippe

Unterlippe

Spitze des Kinns

Halsgrube

Herzzentrum

Rechte Seite der Brust

Herzzentrum

Linke Seite des Brustkorbs

Herzzentrum

Nabelzentrum

Spitze des Steißbeins

Rechte Hüfte

Linke Hüfte

Rechtes Knie

Linkes Knie

Tanzende Energieranke

Rechter Knöchel

Linker Knöchel

Rechter großer Zeh

Linker großer Zeh

Jetzt die ganze rechte Körperseite

Die ganze linke Körperseite

Ganzer Körper auf einmal

Ganzer Körper auf einmal

Ganzer Körper auf einmal (Pause)

Begrüße den ganzen Körper, der nur so vor Energie strotzt. (Pause)

Atembeobachtung

Nimm jetzt deinen Atem wahr.

Es ist nicht nötig, deine Atmung in irgendeiner Weise zu verändern. Lenke einfach nur deine Aufmerksamkeit auf deinen Atem.

Wenn du ausatmest, spüre, wie du Müdigkeit, Stress und Anspannung loslässt.

Wenn du einatmest, spüre, dass du grenzenlose Energie aufnimmst.

Atme aus und lass Müdigkeit, Stress und Anspannung los.

Atme ein und fülle dich mit grenzenloser Energie.

Atme aus, vom Scheitel bis zu den Zehen.

Atme ein, von den Zehen bis zum Scheitel des Kopfes.

Atme aus, vom Scheitel bis zu den Fußknöcheln.

Atme ein, von den Knöcheln bis zum Scheitel.

Atme aus, vom Scheitel bis zu den Knien.

Atme ein, von den Knien bis zum Scheitel.

Atme aus, vom Scheitel über die Wirbelsäule zum Steißbein.

Atme ein, vom Steißbein die Wirbelsäule hinauf zum Scheitel.

Atme aus, vom Scheitel entlang der Wirbelsäule zum Nabel.

Atme ein, vom Nabel die Wirbelsäule hinauf zum Scheitel.

Atme aus, vom Scheitel die Wirbelsäule hinunter zum Herzzentrum.

Atme ein, vom Herzzentrum die Wirbelsäule hinauf zum Scheitel.

Atme aus, vom Scheitel hinunter zum Kehlkopfzentrum.

Atme ein, vom Kehlkopfzentrum die Wirbelsäule hinauf zum Scheitel.

Atme aus, vom Scheitel zur Brücke zwischen den Nasenlöchern.

Atme ein, von der Brücke zwischen den Nasenlöchern zum Scheitel.

Nun zum dritten Auge, atme aus, bis zur Brücke zwischen den Nasenlöchern.

Atme ein, von der Brücke zwischen den Nasenlöchern zum dritten Auge.

Zurück zum Scheitel, atme aus, zur Brücke zwischen den Nasenlöchern.

Atme ein, von der Brücke zwischen den Nasenlöchern zum Scheitel.

Atme aus, vom Scheitel die Wirbelsäule hinunter zum Kehlkopfzentrum.

Atme ein, vom Kehlkopfzentrum die Wirbelsäule hinauf zum Scheitel.

Atme aus, vom Scheitel die Wirbelsäule hinunter zum Herzzentrum.

Atme ein, vom Herzzentrum die Wirbelsäule hinauf zum Scheitel.

Atme aus, vom Scheitel die Wirbelsäule hinunter zum Nabel.

Atme ein, vom Nabel die Wirbelsäule hinauf zum Scheitel.

Atme aus, vom Scheitel die Wirbelsäule hinunter zum Steißbein.

Atme ein, vom Steißbein die Wirbelsäule hinauf zum Scheitel.

Atme aus, vom Scheitel hinunter zu den Knien.

Atme ein, von den Knien hinauf zum Scheitel.

Atme aus, vom Scheitel hinunter zu den Knöcheln.

Atme ein, von den Knöcheln hinauf zum Scheitel.

Atme aus, vom Scheitel hinunter zu den Zehen.

Atme ein, von den Zehen hinauf zum Scheitel. (Pause)

Spüre, dass dein ganzer Körper ein- und ausatmet. (Pause)

Atme kosmische Energie aus deiner Umgebung ein und atme alle Energieblockaden aus. (Pause)

Atme auf diese Weise ein paar Atemzüge lang weiter.

Atme kosmische Energie ein und atme alle Energieblockaden aus. (Pause für 3 Atemzüge)

Symbole/Innere Bilder

Wechsle jetzt zur inneren Weisheit.

Zapfe sie mühelos an.

Es gibt eine unendliche Quelle des Wissens in dir. (Pause)

Ich werde eine Reihe von Symbolen nennen.

Der Verstand kann spontan Bilder projizieren oder auch nicht.

Es gibt nichts, was du manifestieren, suchen oder worüber du nachdenken müsstest.

Du musst überhaupt nichts tun. (Pause)

Beobachte einfach nur. Als würdest du die Wolken am Himmel beobachten.

Bilder oder keine Bilder, das spielt keine Rolle.

Beobachte mit losgelöster Achtsamkeit. (Pause)

Ein leuchtend roter Stuhl (3 Mal wiederholen)

Ein fließender Bach (3 Mal wiederholen)

Eine Geschenkbox (3 Mal wiederholen)

Hohe Bäume (3 Mal wiederholen)

Ruhender Löwe (3 Mal wiederholen)

Mikrofon (3 Mal wiederholen)

Lichterkette (3 Mal wiederholen)

Geburtstagskuchen (3 Mal wiederholen)

Tropischer Strand (3 Mal wiederholen)

Heißluftballon (3 Mal wiederholen)

(Pause)

Wenn dir spontan irgendwelche Erkenntnisse kommen, nimm sie an. Wenn nicht, ist das auch in Ordnung. Erkenne, dass diese Zeit nützlich war, um deine Kreativität und Intuition zu wecken. (Pause)

Bring nun deine Aufmerksamkeit in dein Herzzentrum.

Nimm dein Herzzentrum mühelos wahr. (Pause)

Stelle dir in deinem Herzzentrum ein wunderschönes, strahlendes Licht vor.

Schön und strahlend, wie die Sonne. (Pause)

Spüre seine Wärme und sein Licht, das dein ganzes Wesen nährt. (Pause)

Dies ist das Herz deines Wesens. Deine leuchtende Seele. (Pause)

Deine Seele hält alle Antworten für dich bereit.

Während du dieses wunderschöne Licht beobachtest, kannst du um jede Führung bitten, die du möchtest. Vielleicht fragst du nach deinem nächsten Schritt oder nach etwas anderem, das dir einfällt.

Nimm dir jetzt etwas Zeit, um mit deiner Seele zu kommunizieren. (eine Minute Pause)

Und jetzt bedanke dich bei deiner Seele für jede empfangene Führung. (lange Pause)

Visualisiere die Seele als strahlendes Licht in deinem Herzzentrum.

Erlaube deinem Bewusstsein, vollständig in dieses Licht einzugehen.

Nimm deine Seele in dich auf.

Die Dualität zwischen dir als beobachtender Person und deiner Seele als dem Anderen löst sich auf.

Die Dualität löst sich auf.

Da bist nur du, die Seele, die bleibt.

Alles Denken hört auf.

In den nächsten Minuten ruhst du als die leuchtende Seele selbst. (5–10 Minuten Pause)

Sankalpa

Bring deine Aufmerksamkeit zurück ins Herzzentrum.

Mühelose Bewusstheit des Herzzentrums. (Pause)

Wenn du magst, nutze die Gelegenheit, um deinen Sankalpa aufsteigen zu lassen, deinen Herzensentschluss, deinen tiefgehenden Vorsatz. Wenn du noch keinen Sankalpa hast, kannst du „Ich bin lebendig", „Ich bin im Überfluss" oder „Ich bin frei" verwenden.

Wenn du deinen Sankalpa jetzt mit Gefühl und Bewusstsein wiederholst, kann er nicht scheitern. Wiederhole ihn jetzt dreimal innerlich für dich. (Pause)

Erkenne, dass dein Sankalpa tief in deinem Wesen empfangen wurde und sich bereits manifestiert. (Pause)

Abschluss – Aufmerksamkeit mehr und mehr nach außen richten

Nimm jetzt deinen Atem wahr. (Pause)

Dein Körper ruht und atmet ganz von selbst. (Pause)

Höre auf den Klang deines Körpers beim Atmen. (Pause)

Spüre, wie dein Körper atmet. (Pause)

Richte deine Wahrnehmung nach außen.

Nimm den Raum wahr, in dem du dich befindest, den Boden, die Wände, die Decke. Achte auf die Geräusche im Raum. (Pause)

Sei dir bewusst, dass die Yoga Nidra-Übung zu Ende geht.

Entwickle ein Bewusstsein für deinen Körper und den Ort, an dem du dich befindest.

Atme tief ein und spüre, wie dein Bewusstsein in deinen Körper zurückkehrt.

Yoga Nidra ist nun beendet. (Pause)

Beginne mit sanften Bewegungen im Körper, wackle mit den Fingern. Wackle mit den Zehen.

Mach jede sanfte Bewegung mit deinem Körper, die sich gut anfühlt. (Pause)

Mach nun größere Bewegungen – bewege deine Füße, Beine, Hände, Arme. Bewege alle Körperteile, die sich melden. Falls du liegst, roll dich auf deine rechte Seite, wenn du bereit bist.

Atme ein paar Mal tief durch und erinnere dich an die Führung deiner Seele oder an deine Erkenntnisse aus deiner heutigen Yoga Nidra-Übung. (Pause)

Falls du liegst, richte dich langsam zum Sitzen auf. Halte deine Augen geschlossen, wenn du kannst. Nimm dir Zeit, es gibt keinen Grund zur Eile. (Pause)

Setz dich bequem hin, Rücken so gerade wie möglich.

Atme tief ein ... und lange aus.

Halte das Gefühl der tanzenden Ranke fest und bewege dich auf deinen nächsten Sonnenstrahl zu. (Pause)

Zum Schluss singen wir Om und Shanti, jeweils dreimal.

Om Om Om Shanti Shanti Shanti (Pause)

Wenn du bereit bist, öffne langsam und sanft deine Augen und bringe dein Bewusstsein zurück in den Raum. Nimm alle neuen Erkenntnisse oder positiven Gefühle aus deiner heutigen Übung mit dir.

Reise durch das Selbst zum Selbst
(45–55 Min.)

Begib dich auf eine Reise durch alle Aspekte deines Selbst, von den greifbarsten bis zu den subtilsten, um schließlich in der glückseligen, reinen Quelle zu ruhen – dem wahren Selbst.

<u>Vorschläge für die Praxis sowie einleitende und abschließende Übungen:</u>

- Dieses Skript ist nicht für Yoga- oder Yoga Nidra-Neulinge vorgesehen. Es ist für Menschen gedacht, die mit den tieferen yogischen Konzepten der Chakren und der Non-Dualität (Vedanta-Philosophie) vertraut sind.

- Bei der Erkundung der Chakras gibt es zwei Möglichkeiten – Stille oder das Singen von Bija-Mantras. Ich habe die Bija-Mantras mit einbezogen, weil ich die Erfahrung gemacht habe, dass sie den Übenden helfen, sich der Chakras bewusst zu werden. Aber du kannst deine Übenden auch dazu einladen, einfach still zu erkunden, wenn sie sich beim Singen oder der korrekten Aussprache der Mantras unsicher fühlen.

- Beginne mit einem Mantra, das die Natur des Selbst anspricht, wie
  Asato Ma Sat Gamaya
  Tamaso Ma Jyotir Gamaya
  Mrityor Ma Amritam Gamaya
  Om Shanti Shanti Shanti (Pause)

(Führe mich vom Unwirklichen zum Wirklichen, von der Dunkelheit zum Licht, vom Tod zur Unsterblichkeit.)

- Beginne mit ein paar Minuten *Om*, während die Chin Mudra gehalten wird, um das individuelle *Ich-Gefühl* mit dem reinen Bewusstsein zu verbinden.

- Achte darauf, dass deine Teilnehmenden nach dieser Übung genügend Zeit haben, um die Erfahrung zu verarbeiten und in ihren Alltag zurückzukehren. Kein Yoga Nidra sollte überstürzt werden, aber besonders nicht ein solches, das die Menschen mit ihrer subtilsten Realität verbindet.

Sich achtsam einrichten und zur Ruhe kommen

Such dir einen bequemen Platz zum Hinlegen oder Sitzen, unterstützt, falls du lieber sitzt.

Mach dich bereit für deine Yoga Nidra-Übung.

Wir begeben uns auf eine Entdeckungsreise – durch die Schichten deines Wesens, um zu deinem wahren Selbst zu gelangen. (Pause)

Lege dir ein Kissen bequem unter deinen Kopf.

Lege vielleicht eine zusammengerollte Decke oder eine Nackenrolle unter deine Knie, um deinen unteren Rücken zu entlasten.

Decke dich mit einer Decke zu, wenn du möchtest.

Schaffe dir ein bequemes Ruhenest. (lange Pause)

Wenn du in Savasana liegst, liegen die Füße hüftbreit auseinander und fallen locker zu den Seiten. Deine Arme sind vom Körper weg und lassen unter den Achseln Platz. Die Handflächen zeigen nach oben. (Pause)

In jeder Position sind die Schultern von den Ohren weg. (Pause)

Vergewissere dich, dass dein Nacken gerade ausgerichtet ist und sich bequem und gestützt anfühlt. (Pause)

Achte auf Unebenheiten an deiner Kleidung, deinem Schmuck oder auf dem Boden unter dir, die deine Aufmerksamkeit ablenken könnten. Wenn du etwas findest, was dich stört, bring es jetzt in Ordnung. (Pause)

Mach dir bewusst, dass du gleich Yoga Nidra üben wirst, den *yogischen Schlaf* mit Elementen von Bewusstheit.

Überprüfe deinen ganzen Körper und stell sicher, dass du dich so wohl wie möglich fühlst und dass nichts deine Aufmerksamkeit ablenkt. (Pause)

Atme tief ein ... und lange aus.

Atme noch einmal tief ein... und spüre beim Ausatmen, wie du zur Ruhe kommst und loslässt. (Pause)

Jetzt ist es an der Zeit, letzte Veränderungen vorzunehmen, wenn nötig. Sei dir bewusst, dass du dich jederzeit bewegen kannst, aber wenn es sich gut anfühlt, genieße die Stille.

Versenke dich in die Stille.

Alles, was du tun musst, ist, achtsam deinen Hörsinn einzusetzen. Du brauchst nichts weiter zu tun.

Dein Körper entspannt sich völlig, während du wach und achtsam bleibst.

Atme tief ein ... und beim Ausatmen spürst du, wie du alle Sorgen und Spannungen loslässt.

Noch einmal, tief und beruhigend einatmen...

Und ausatmen und loslassen.

Jetzt dehne deine Achtsamkeit so weit wie möglich aus und lausche auf ferne Geräusche außerhalb des Gebäudes. (lange Pause)

Erlaube deinem Hörsinn, seine Reichweite zu erhöhen und nimm alle Geräusche wahr, ohne sie zu analysieren, ohne zu denken, wie ein Mikrofon. Nimm einfach nur wahr.

Nimm Geräusche in der Ferne wahr, die entferntesten Geräusche, die du hören kannst.

Erlaube deiner Wahrnehmung, sich mühelos und frei von einem Geräusch zum nächsten zu bewegen...

Ohne zu analysieren, nimm einfach nur wahr. (Pause)

Richte deine Aufmerksamkeit nun auf die Geräusche in der Nähe, im Raum.

Nimm die Geräusche im Raum wahr. (Pause)

Lenke nun deine Wahrnehmung auf das nächstgelegene Geräusch – das Geräusch deines Körpers beim Atmen.

Nimm das Geräusch des Atmens deines Körpers mühelos wahr. (Pause)

Sei dir bewusst, dass du dabei bist, Yoga Nidra zu üben.

Sage innerlich zu dir selbst: „Ich werde wach und achtsam bleiben." (Pause)

Willkommen zu Yoga Nidra. (Pause)

Kreisen der Wahrnehmung im Körper

Richte deine Wahrnehmung auf den greifbarsten Aspekt deines Körpers – den physischen Körper.

Mach eine Reise durch deinen Körper, von Punkt zu Punkt.

Lenke deine Wahrnehmung ungehindert und zügig von einem Körperteil zum nächsten.

Bleib an keinem Punkt hängen.

Du musst dich nicht konzentrieren, nicht denken, nicht analysieren.

Lenke einfach deine Wahrnehmung, schnell und ungehindert.

Beginne mit der rechten Seite deines Körpers.

Nimm deine rechte Hand wahr.

Rechter Daumen der rechten Hand

Zeigefinger

Mittelfinger

Ringfinger

Kleiner Finger

Handfläche

Handrücken

Handgelenk

Unterarm

Ellbogen

Oberarm

Schulter

Achselhöhle

Rechte Seite der Rippen

Rechte Seite der Taille

Hüfte

Oberschenkel

Knie

Unterschenkel

Knöchel

Ferse

Fußsohle

Fußrücken

Rechter großer Zeh

Zweiter Zeh

Dritter Zeh

Vierter Zeh

Fünfter Zeh

Deine Wahrnehmung bewegt sich ungehindert und zügig.

Hinüber zur linken Seite.

Nimm deine linke Hand wahr.

Daumen der linken Hand

Zeigefinger

Mittelfinger

Ringfinger

Kleiner Finger

Handfläche

Handrücken

Handgelenk

Unterarm

Ellbogen

Oberarm

Schulter

Achselhöhle

Linke Seite der Rippen

Linke Seite der Taille

Hüfte

Oberschenkel

Knie

Unterschenkel

Knöchel

Ferse

Fußsohle

Fußrücken

Linker großer Zeh

Zweiter Zeh

Dritter Zeh

Vierter Zeh

Fünfter Zeh

Wach und achtsam

Lenke deine Wahrnehmung zum Scheitel.

Scheitelpunkt des Kopfes

Stirn

Rechte Schläfe

Linke Schläfe

Rechte Augenbraue

Linke Augenbraue

Augenbrauenzentrum

Deine Wahrnehmung bewegt sich zügig.

Rechtes Auge

Linkes Auge

Rechtes Ohr

Linkes Ohr

Rechte Wange

Linke Wange

Rechtes Nasenloch

Linkes Nasenloch

Oberlippe

Unterlippe

Kinn

Kehlkopfzentrum

Rechtes Schlüsselbein

Linkes Schlüsselbein

Rechte Seite des Brustkorbs

Linke Seite des Brustkorbs

Herzzentrum

Nabel

Unterbauch

Becken

Lenke deine Wahrnehmung zur Rückseite deines Körpers.

Rechte Pobacke

Linke Pobacke

Unterer Rücken

Mittlerer Rücken

Oberer Rücken

Rechtes Schulterblatt

Linkes Schulterblatt

Nacken

Hinterkopf

Scheitel

Lenke deine Wahrnehmung nach unten zum ganzen rechten Bein.

Ganzes linkes Bein

Beide Beine auf einmal

Ganzer Oberkörper

Ganzer rechter Arm

Ganzer linker Arm

Beide Arme auf einmal

Nacken

Kopf

Ganze Vorderseite des Körpers

Ganze Rückseite des Körpers

Nimm den ganzen Körper auf einmal wahr.

Den ganzen Körper auf einmal.

Den ganzen Körper auf einmal. (lange Pause)

Du bist dir deines Körpers jetzt noch stärker bewusst.

Du bist dir deines Körpers bewusst.

DU bist dir deines Körpers bewusst.

Beachte, dass es in dieser Aussage zwei Aspekte gibt – dich und den Körper.

„DU" ist etwas, das vom Körper getrennt ist.

„DU" bist nicht der Körper.

Sag dir innerlich:

Ich bin nicht der Körper. (Pause)

Ich bin nicht der Körper. (Pause)

Ich bin nicht der Körper. (Pause)

Widerstehe der Versuchung, deine Gedanken abschweifen zu lassen.

Bleibe einfach entspannt und mühelos.

Die Aspekte deiner selbst werden sich auf dieser Reise nach und nach offenbaren.

Es gibt nichts, was du tun musst.

Atembeobachtung

Erkunde weiter.

Wach und achtsam.

Jetzt machst du eine Reise, um einen subtileren Aspekt deiner selbst zu entdecken – den Energiekörper.

Werde dir deines Energiekörpers bewusst, indem du dir die Chakren, die Energiezentren, bewusst machst.

Halte deine Aufmerksamkeit bewusst und doch entspannt.

Vielleicht nimmst du ein Pulsieren, Licht, Farben oder andere Erfahrungen wahr, während du die Energiezentren lokalisierst.

Das ist in Ordnung.

Es kann sein, dass du KEIN Pulsieren, Licht oder Farben wahrnimmst, während du die Energiezentren lokalisierst.

Auch das ist in Ordnung.

Es gibt kein Ziel. Bleib einfach wach und achtsam.

Das erste Energiezentrum ist das Wurzelchakra.

Du findest es am Damm oder direkt unterhalb des Steißbeins. (Pause)

Am Damm oder direkt unterhalb des Steißbeins. (Pause)

Atme tief ein, als würdest du Energie durch die Nasenlöcher zum Wurzelzentrum hinunterziehen.

    (Pause für 3 Atemzüge oder …)
    Spüre die Schwingung dieses Mantras im Wurzelchakra …
    LAM … LAM … LAM

Das zweite Energiezentrum ist das Sakralchakra.

Du findest es im Kreuzbeinbereich oder im Unterbauch. (Pause)

Im Kreuzbeinbereich oder im Unterbauch. (Pause)

Atme tief ein, als würdest du Energie durch die Nasenlöcher zum Sakralzentrum hinunterziehen.

    (Pause für 3 Atemzüge oder …)
    Spüre die Schwingung dieses Mantras im Sakralchakra …
    VAM … VAM … VAM

Das dritte Zentrum ist das Nabelchakra.

Du findest es im Rückenmark, hinter dem Nabel. (Pause)

Im Rückenmark, hinter dem Nabel. (Pause)

Atme tief ein, als würdest du Energie durch die Nasenlöcher zum Nabelzentrum hinunterziehen.

(Pause für 3 Atemzüge oder ...)
Spüre die Schwingung dieses Mantras im Nabelchakra ...
RAM ... RAM ... RAM

Das vierte Zentrum ist das Herzchakra.

Du findest es im Rückenmark, direkt hinter dem Brustbein. (Pause)

Im Rückenmark, direkt hinter dem Brustbein. (Pause)

Atme tief ein, als würdest du Energie durch die Nasenlöcher ins Herzzentrum ziehen.

(Pause für 3 Atemzüge oder ...)
Spüre die Schwingung dieses Mantras im Herzchakra ...
YAM ... YAM ... YAM

Das fünfte Zentrum ist das Halschakra, auch Kehlkopfchakra genannt.

Du findest es an der Basis der Kehle. (Pause)

An der Basis der Kehle. (Pause)

Atme tief ein, als würdest du Energie durch die Nasenlöcher ins Kehlkopfzentrum ziehen.

(Pause für 3 Atemzüge oder...)
Spüre die Schwingung dieses Mantras im Halschakra ...
HAM ... HAM ... HAM

Das sechste Zentrum ist das Dritte Auge, auch Stirnchakra genannt.

Du findest es in der Gehirnmitte hinter dem Punkt zwischen den Augenbrauen. (Pause)

Im Zentrum des Gehirns, hinter dem Punkt zwischen den Augenbrauen. (Pause)

Atme tief ein und aus, als würdest du Energie durch das Stirnzentrum ein- und ausströmen lassen.

(Pause für 3 Atemzüge oder...)
Spüre die Schwingung des OM am Dritten Auge ...
OM ... OM ... OM

Das letzte Zentrum ist das Kronenchakra.

Du findest es am Scheitel deines Kopfes. (Pause)

Am Scheitel des Kopfes. (Pause)

Stell dir eine Lotusblume mit tausend Blütenblättern am Kronenchakra vor. Leuchtend und unendlich. Atme tief ein und aus und beobachte die Stille. (Pause für 3 Atemzüge)

Du bist dir jetzt dieses subtileren Aspekts deines Selbst bewusst – des Energiekörpers.

Du bist dir deines Energiekörpers bewusst.

DU bist dir deines Energiekörpers bewusst.

Beachte, dass es zwei Aspekte in dieser Aussage gibt – dich und den Energiekörper.

„DU" ist etwas, das vom Energiekörper getrennt ist.

„DU" bist nicht der Energiekörper.

Sag dir selbst innerlich:

Ich bin nicht der Energiekörper. (Pause)

Ich bin nicht der Energiekörper. (Pause)

Ich bin nicht der Energiekörper. (Pause)

Widerstehe der Versuchung, die Gedanken abschweifen zu lassen.

Bleib einfach entspannt, wach und achtsam.

Die Aspekte deiner selbst werden sich auf dieser Reise nach und nach offenbaren.

Es gibt nichts, was du tun musst.

Gegensatzpaare

Erkunde weiter.

Beginne mit dem Prozess, Empfindungen im Körper zu manifestieren.

Beginne damit, das Gefühl von Schwere im Körper zu entwickeln.

Manifestiere Schwere im Körper.

Jeder Teil deines Körpers wird schwerer und schwerer.

Schwer wie Blei.

Spüre, wie dein rechtes Bein schwer wie Blei wird und in den Boden unter dir sinkt. So schwer, dass du es nicht einmal anheben könntest.

Lenke deine Wahrnehmung nun auf dein linkes Bein.

Entwickle das Gefühl der Schwere im linken Bein. Dein linkes Bein wird schwerer und schwerer. Es sinkt nach unten ... so schwer, dass du es nicht anheben könntest.

Spüre jetzt die Schwere in den Hüften ... im Rücken ... im Brustkorb ... Dein ganzer Oberkörper sinkt in die Fläche unter dir ein. So schwer.

Auch deine Schultern sinken jetzt ein, sehr schwer. Die Schwere breitet sich in deine Arme und Hände aus. Deine Hände sind schwer wie Blei.

Dein Nacken und dein Hinterkopf sind schwer und sinken in die Fläche unter dir hinab.

Manifestiere das Gefühl von Schwere im ganzen Körper.

Dein ganzer Körper ist schwer wie Blei. (Pause)

Lass jetzt das Gefühl der Schwere los.

Lass es vollständig los.

Lass das Gefühl der Schwere in jedem Teil des Körpers los. (Pause)

Erwecke nun das Gefühl der Leichtigkeit in deinem Körper.

Spüre, dass sich jeder Teil deines Körpers mit Leichtigkeit füllt, wie ein Heliumballon.

Manifestiere das Gefühl der Leichtigkeit.

Dein Körper wird leichter und leichter.

Dein rechtes Bein wird leicht und hebt sich.

Dein linkes Bein füllt sich mit Leichtigkeit und schwebt nach oben.

Dein rechter Arm wird immer leichter, er hebt sich.

Dein linker Arm wird leicht und schwebt nach oben.

Deine Hüften und dein Oberkörper werden leicht, füllen sich wie ein Heliumballon und schweben nach oben.

Und schließlich füllt sich auch dein Kopf mit dem Gefühl von Leichtigkeit und schwebt in die Höhe.

Dein ganzer Körper schwebt nach oben. Leicht wie Luft.

Erfahre die Leichtigkeit im ganzen Körper.

Absolute Leichtigkeit. (Pause)

Lass jetzt das Gefühl der Leichtigkeit los.

Erlaube deinem Körper, das Gefühl des Schwebens sanft loszulassen.

Lass das Gefühl der Leichtigkeit vollständig los. (Pause)

Nun wird dir etwas bewusst.

Es waren keine äußeren Kräfte, die die Empfindungen von Schwere und Leichtigkeit erzeugt haben.

Dein Geist hat sie erzeugt.

Du bist dir jetzt bewusst, dass dein Geist Empfindungen in deinem Körper manifestieren oder freisetzen kann.

Du bist dir der Macht deines Geistes bewusst.

Du bist dir deines Geistes bewusst.

DU bist dir deines Geistes bewusst.

Beachte, dass diese Aussage zwei Aspekte enthält – dich und deinen Geist.

„DU" ist etwas anderes als dein Geist.

„DU" bist nicht dein Geist.

Sage dir selbst innerlich:

Ich bin nicht mein Geist. (Pause)

Ich bin nicht mein Geist. (Pause)

Ich bin nicht mein Geist. (Pause)

Widerstehe der Versuchung, deinen Geist abschweifen zu lassen.

Bleib einfach entspannt, wach und bewusst.

Die Aspekte deiner selbst werden sich auf dieser Reise nach und nach offenbaren.

Ganz mühelos.

Es gibt nichts, was du tun musst.

Symbole/Innere Bilder

Erkunde weiter.

Du hast diese Reise mit der Wahrnehmung des Körpers begonnen.

Dann hast du deine Aufmerksamkeit auf den Energiekörper gelenkt.

Hast deine Wahrnehmung auf den Geist verlagert.

Und jetzt erforschst du einen Teil von dir, der sogar noch subtiler ist.

Im Tiefschlaf trittst du in diesen Zustand ein.

Im Tiefschlaf bist du dir deines Körpers nicht mehr bewusst.

Alles Denken, alles Träumen hört auf.

Zeit und Raum hören auf zu existieren. (Pause)

Du beginnst, Anandamaya-Kosha, die Glückshülle, zu erfahren – den subtilsten Aspekt deines Selbst. (Pause)

Erlaube genau jetzt, dass sich das Bewusstsein von Körper, Energiekörper und Geist auflöst.

Erlaube in ihrer Abwesenheit, dass erhabener Frieden entsteht. (Pause)

Das Gewahrsein von Körper, Energiekörper und Geist löst sich auf.

Erhabener Frieden entsteht.

Versuche, wach zu bleiben.

Hinter diesem Frieden liegt die Quelle deines Seins. Dein wahres Selbst.

Formlos.

Ohne Eigenschaften.

Grenzenlos.

Unendlich.

Ewig.

Deine wahre Natur – die schon immer da war.

Die in allen Erfahrungen präsent ist – körperlich, geistig und spirituell. Sie ist im Wachzustand, im Traum und im Tiefschlaf präsent. Und doch glückselig unberührt von allem.

Allgegenwärtig. Die Zeugin. Wahrnehmung. Reine Bewusstheit.

Erlaube jeder noch vorhandenen *„Ichheit"*, im *Selbst* aufzugehen.

Ruhe für die nächsten Minuten in dieser Glückseligkeit deines wahren *Selbst*. (3–10 Min. Pause)

Abschluss – Aufmerksamkeit mehr und mehr nach außen richten

Ommmmmmmm

Werde dir deines natürlichen Atems bewusst.

Bewusstheit des Atems. (Pause)

Beobachte, wie sich dein Brustkorb bei jedem Einatmen und Ausatmen hebt und senkt. (Pause)

Nimm wahr, wie sich deine Nasenlöcher beim Einatmen sanft zusammenziehen und beim Ausatmen ausdehnen. (Pause)

Bring deine Bewusstheit zurück in die Erfahrung des physischen Körpers. (Pause)

Bringe deine Bewusstheit zurück in den Körper, den Geist, den Energiekörper.

Aber behalte die Erkenntnis bei, dass du nie ein Körper, ein Geist oder ein Energiekörper warst. Du bist so viel mehr.

Du bist unendlich viel mehr.

Du bist unendliche Bewusstheit.

Reine Bewusstheit.

In deinem Innersten immer glückselig. (Pause)

Werde dir bewusst, dass die Praxis von Yoga Nidra zu Ende geht.

Richte deinen Geist nach außen.

Sei dir bewusst, dass dein Körper ruht und du Yoga Nidra übst.

Sei dir bewusst, dass du in einem Raum ruhst. (Pause)

Lass die Augen geschlossen und visualisiere im Geiste den Raum, in dem du dich befindest.

Sieh die Wände. Den Boden. Die Gegenstände im Raum – ihre Platzierung, Farbe, Beschaffenheit.

Richte dein Bewusstsein nach außen. (Pause)

Nimm die Empfindungen deines physischen Körpers wahr, ohne dich zu bewegen – das Gefühl deines Körpers auf der Fläche unter dir. (Pause)

Das Gefühl des Stoffes auf deiner Haut. (Pause)

Die Temperatur der Luft, die deine Haut berührt. (Pause)

Richte dein Bewusstsein nach außen.

Yoga Nidra ist jetzt abgeschlossen. (Pause)

Bringe dein Bewusstsein zurück in deinen Körper und bewege deine Finger und Zehen. Mach sanfte Bewegungen mit deinem Körper, die sich gut anfühlen (Pause)

Mach jetzt größere Bewegungen – bewege deine Füße, Beine, Hände, Arme. Bewege alle Körperteile, die sich melden. (Pause)

Falls du liegst, roll dich auf deine rechte Seite, wenn du bereit bist.

Nimm ein paar tiefe Atemzüge und integriere deine Yoga Nidra-Erfahrung in deine Alltagserfahrung. (Pause)

Erinnere dich an das, was du auf dieser Reise erlebt hast. Was du erfahren hast. Wiederhole noch einmal innerlich:

Ich bin nicht der Körper. (Pause)

Ich bin nicht der Energiekörper. (Pause)

Ich bin nicht der Geist. (Pause)

Wenn du dich hingelegt hast, drücke dich langsam zum Sitzen hoch. Nimm dir Zeit, es gibt keinen Grund zur Eile. (Pause)

Sitze bequem, Rücken so gerade wie möglich. Halte deine Augen geschlossen, wenn du kannst.

Atme tief ein ... und lange aus.

Sobald du sitzt, öffne sanft deine Augen.

Lass deinen Augen Zeit, sich auf den Raum einzustellen. (Pause)

Nimm dich selbst im Raum wahr.

Schließe deine Augen wieder. Wir singen zum Schluss Om und Shanti, jeweils dreimal.

Om Om Om Shanti Shanti Shanti (Pause)

Wenn du bereit bist, öffne langsam deine Augen und nimm dir Zeit, dich wieder auf den Raum und deinen Tag einzustellen. Nimm alle positiven Erkenntnisse, Gefühle und Empfindungen mit dir.

Ich habe ein Geschenk für dich.

Du bist ein wunderbarer Mensch, da du Yoga Nidra mit anderen teilst.
Vielen Dank dafür.

Ich möchte dir gerne etwas schenken, das *dir selbst* das Üben von
Yoga Nidra erleichtern kann.

3 kostenlose Audioaufnahmen

Lass dich von mir mit drei meiner beliebtesten Yoga Nidra-Übungen in
süße Entspannung, Verjüngung und Wiederverbindung mitnehmen:

- Anytime Calming
- Overflowing Heart Yoga Nidra
- Rainbow Light Yoga Nidra

**Besuche tamaraskyhawk.com/free für deine kostenlosen
Audioaufnahmen und genieße deine Yoga Nidra-Erfahrung.**